フリージングでラクラク＆栄養バッチリ！

がんばりすぎない

離乳食

JN108698

監修
伊東優子（わこう助産院院長・助産師）

料理監修
櫻井麻衣子（管理栄養士）

マイナビ

離乳食時期別 食べられる食材・大きさ一覧表

離乳食期の赤ちゃんが食べられる食材にはどんなものがあるのか、またその食材を食べさせるときの大きさの目安を一覧表にまとめました。試食済みにチェックをすると、はじめて食べた食材を記録できます。

分類		食材名	初期(5〜6カ月)	中期(7〜8カ月)	後期(9〜11カ月)	完了期(1歳〜1歳6カ月)	試食済み
炭水化物	穀類	米	○ 10倍がゆ	○ 5倍がゆ	○ 軟飯	○ ご飯	
	パン類	食パン(耳を除く)	○ すりつぶす(パンがゆ)	○ 細かくする(パンがゆ)	○ 小さくちぎる	○ スティック状	
		ロールパン	○ すりつぶす(パンがゆ)	○ 細かくする(パンがゆ)	○ 小さくちぎる	○ 1cm幅／つかみやすい大きさ	
	麺類	うどん	○ すりつぶす	○ みじん切り	○ 1cm長さ	○ 2〜3cm長さ	
		そうめん	○ すりつぶす	○ みじん切り	○ 1cm長さ	○ 2〜3cm長さ	
		スパゲッティ	×	△ みじん切り	○ 1cm長さ	○ 2〜3cm長さ	
		マカロニ	×	△ みじん切り	○ 1cm長さ	○ 2〜3cm長さ	
		中華麺	×	×	×	○ 2〜3cm長さ	
	シリアル類	オートミール	×	○ そのまま	○ そのまま	○ そのまま	
	いも類	じゃがいも	○ すりつぶす	○ みじん切り	○ 1cm角	○ 1〜2cm角	
		さつまいも	○ すりつぶす	○ みじん切り	○ 1cm角	○ 1〜2cm角	
		里いも	○ すりつぶす	○ みじん切り	○ 1cm角	○ 1〜2cm角	
ビタミン・ミネラル	野菜	キャベツ	○ すりつぶす	○ みじん切り	○ 粗みじん切り	○ 1cm四方	
		白菜	○ すりつぶす	○ みじん切り	○ 粗みじん切り	○ 1cm四方	
		レタス	△ すりつぶす	○ みじん切り	○ 粗みじん切り	○ 1cm四方	
		ほうれん草	○ すりつぶす	○ みじん切り	○ 粗みじん切り	○ 1cm四方	
		小松菜	○ すりつぶす	○ みじん切り	○ 粗みじん切り	○ 1cm四方	
		チンゲン菜	△ すりつぶす	○ みじん切り	○ 粗みじん切り	○ 1cm四方	
		水菜	×	△ みじん切り	△ 粗みじん切り	○ 1cm幅	
		豆苗	×	×	○ 粗みじん切り	○ 1cm幅	
		ニラ	×	△ みじん切り	○ 粗みじん切り	○ 1cm幅	
		ブロッコリー	○ すりつぶす	○ みじん切り	○ 粗みじん切り	○ 小房	
		カリフラワー	○ すりつぶす	○ みじん切り	○ 粗みじん切り	○ 小房	
		グリーンアスパラガス	×	△ みじん切り	○ 粗みじん切り	○ 1cm四方	
		もやし	×	×	△ 粗みじん切り	○ 5mm幅	
		長ねぎ	×	△ みじん切り	○ 粗みじん切り	○ 1cm四方	
		玉ねぎ	△ すりつぶす	○ みじん切り	○ 粗みじん切り	○ 1cm角	
		にんじん	○ すりつぶす	○ みじん切り	○ 粗みじん切り	○ 1cm角	
		大根	○ すりつぶす	○ みじん切り	○ 粗みじん切り	○ 1cm角	
		ごぼう	×	×	△ みじん切り	○ 粗みじん切り	
		かぶ	○ すりつぶす	○ みじん切り	○ 粗みじん切り	○ 1cm角	
		れんこん	×	×	△ みじん切り	○ 粗みじん切り	
		なす	×	△ みじん切り	○ 粗みじん切り	○ 1cm角	
		トマト・ミニトマト	○ すりつぶす	○ みじん切り	○ 粗みじん切り	○ 1cm角	
		ピーマン	×	△ みじん切り	○ 粗みじん切り	○ 1cm角	
		パプリカ	×	△ みじん切り	○ 粗みじん切り	○ 1cm角	
		かぼちゃ	○ すりつぶす	○ みじん切り	○ 粗みじん切り	○ 1〜2cm角	
		とうもろこし	△ すりつぶす	○ みじん切り	○ 粗みじん切り	○ 粒状にほぐす	
		きゅうり	○ すりつぶす	○ みじん切り	○ 粗みじん切り	○ 5mm幅／スティック状	
		ズッキーニ	×	△ みじん切り	○ 粗みじん切り	○ 1cm角	
		オクラ	×	△ みじん切り	○ 粗みじん切り	○ 薄切り	
		さやいんげん	×	△ みじん切り	○ みじん切り	○ 粗みじん切り	
		さやえんどう	×	△ みじん切り	○ みじん切り	○ 3mm四方	
	果物	バナナ	○ つぶす	○ つぶす	○ 5mm幅の輪切りを4等分に切る	○ 1cm幅の輪切り	
		りんご	○ すりつぶす	○ すりつぶす	○ すりつぶす	○ すりつぶす	
		梨	○ すりつぶす	○ すりつぶす	○ すりつぶす	○ すりつぶす	
		いちご	△ すりつぶす	○ みじん切り	○ 粗みじん切り	○ 1cm角	
		みかん(薄皮をむく)	○ すりつぶす	○ みじん切り	○ 小房を2〜3等分	○ 小房	
		メロン	○ すりつぶす	○ みじん切り	○ 1cm角	○ 1〜2cm角	

分類		食材名	初期(5~6カ月)	中期(7~8カ月)	後期(9~11カ月)	完了期(1歳~1歳6カ月)	試食済み
ビタミン・ミネラル	きのこ類	えのきだけ	✕	✕	△ みじん切り	〇 粗みじん切り	
		しめじ	✕	✕	△ みじん切り	〇 粗みじん切り	
		生しいたけ	✕	✕	△ みじん切り	〇 粗みじん切り	
		マッシュルーム	✕	✕	△ みじん切り	〇 粗みじん切り	
	海藻類・乾物	わかめ	✕	△ みじん切り	〇 3mm四方	〇 粗みじん切り	
		ひじき	✕	✕	△ みじん切り	〇 粗みじん切り	
		もずく	✕	✕	△ みじん切り	〇 粗みじん切り	
		焼きのり	✕	✕	△ 細かく切る	〇 1cm角	
タンパク質	魚介類	ヒラメ	〇 すりつぶす	〇 細かくほぐす	〇 粗くほぐす	〇 一口大にほぐす	
		タイ	〇 すりつぶす	〇 細かくほぐす	〇 粗くほぐす	〇 一口大にほぐす	
		カレイ	〇 すりつぶす	〇 細かくほぐす	〇 粗くほぐす	〇 一口大にほぐす	
		タラ	〇 すりつぶす	〇 細かくほぐす	〇 粗くほぐす	〇 一口大にほぐす	
		メカジキ	✕	△ 細かくほぐす	〇 粗くほぐす	〇 一口大にほぐす	
		サケ	✕	△ 細かくほぐす	〇 粗くほぐす	〇 一口大にほぐす	
		ブリ	✕	✕	〇 粗くほぐす	〇 一口大にほぐす	
		サワラ	✕	✕	△ 粗くほぐす	〇 一口大にほぐす	
		アジ	✕	✕	△ 粗くほぐす	〇 一口大にほぐす	
		サバ	✕	✕	△ 粗くほぐす	〇 一口大にほぐす	
		サンマ	✕	✕	△ 粗くほぐす	〇 一口大にほぐす	
		イワシ	✕	✕	△ 粗くほぐす	〇 一口大にほぐす	
		マグロ	✕	△ 細かくほぐす	〇 粗くほぐす	〇 一口大にほぐす	
		カツオ	✕	△ 細かくほぐす	〇 粗くほぐす	〇 一口大にほぐす	
		エビ	✕	✕	✕	〇 5~7mm四方	
		カニ	✕	✕	✕	〇 5~7mm四方	
	魚介加工品	しらす干し	〇 すりつぶす	〇 みじん切り	〇 3mm四方	〇 そのまま	
		ツナ缶	✕	△ 細かくほぐす	〇 ほぐす	〇 そのまま	
		カツオ節	✕	△ 細かく砕く	〇 粗く砕く	〇 そのまま	
		桜えび	✕	✕	△ 細かく砕く	〇 粗く刻む	
	肉類・肉加工品	鶏ささみ肉	✕	△ すりつぶす	〇 みじん切り	〇 5~7mm四方	
		鶏むね肉	✕	△ すりつぶす	〇 みじん切り	〇 5mm四方	
		鶏もも肉	✕	△ すりつぶす	〇 みじん切り	〇 5~7mm四方	
		豚もも肉	✕	△ すりつぶす	〇 みじん切り	〇 5mm四方	
		牛赤身肉	✕	✕	△ みじん切り	〇 5~7mm四方	
		レバー	✕	✕	△ みじん切り	〇 5mm四方	
		ハム	✕	✕	✕	△ 5mm四方	
		ベーコン	✕	✕	✕	△ 5mm四方	
	卵・乳製品	ゆで卵	△ (黄身のみ)ペースト状	〇 みじん切り	〇 粗みじん切り	〇 4等分	
		牛乳	✕	△ 加熱する	△ 加熱する	〇 そのまま	
		カッテージチーズ	✕	△ そのまま	〇 そのまま	〇 そのまま	
		粉チーズ	✕	✕	△ そのまま	〇 そのまま	
		プレーンヨーグルト	✕	〇 そのまま	〇 そのまま	〇 そのまま	
	豆類・豆加工品	無調整豆乳	✕	△ 加熱する	△ 加熱する	〇 そのまま	
		豆腐	△ すりつぶす	〇 つぶす	〇 1cm角	〇 そのまま	
		高野豆腐	✕	△ すりおろす	〇 すりおろす	〇 粗みじん切り	
		油揚げ	✕	✕	✕	△ 粗みじん切り	
		納豆	✕	△ ひきわり	〇 ひきわり	〇 そのまま	
		枝豆	✕	✕	〇 粗みじん切り	〇 半分	
		きなこ	△ そのまま	〇 そのまま	〇 そのまま	〇 そのまま	

●食材の大きさは、基本的に大人が食べさせるときの大きさです。離乳食後期から手づかみ食べをさせる場合は、手でつかんで食べやすい形状にしましょう。
●水分の少ない食材は、食べやすいようにとろみをつけるなど工夫して食べさせてください。
●表の内容はあくまで目安です。赤ちゃんの成長に合わせて調節してください。

contents

Part 1 離乳食の基本

Part 2 時期別 離乳食レシピ

初期前半

初期後半

中期

後期

完了期

Column

本書の使い方

この本では、離乳食の時期を初期・中期・後期・完了期の 4 つの時期に分けて、各時期に合わせたレシピを紹介しています。初期後半からは、食材をローテーションして作れる 3 週間分のレシピを紹介します。

ローテーションレシピの見方

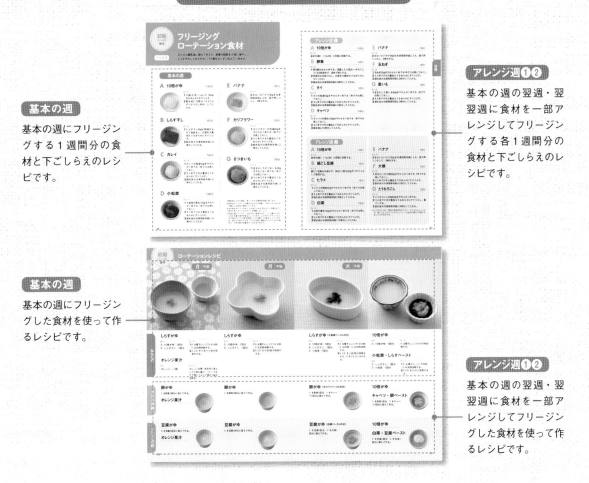

基本の週

基本の週にフリージングする 1 週間分の食材と下ごしらえのレシピです。

アレンジ週❶❷

基本の週の翌週・翌翌週に食材を一部アレンジしてフリージングする各 1 週間分の食材と下ごしらえのレシピです。

基本の週

基本の週にフリージングした食材を使って作るレシピです。

アレンジ週❶❷

基本の週の翌週・翌翌週に食材を一部アレンジしてフリージングした食材を使って作るレシピです。

本書の決まり

- 本書に記載の離乳食の月齢と進め方はあくまで目安です。赤ちゃんの成長に合わせて調節してください。
- 本書のレシピは食物アレルギーのない赤ちゃんが対象です。アレルギーの診断を受けている場合は、医師の指導に従ってください。
- 大さじ 1 は 15㎖、小さじ 1 は 5㎖です。
- 離乳食のレシピは基本的に 1 食分の分量です。
- 本書で「ひとさじ」と表記しているものは、離乳食用のスプーンでひとさじ分を表しています。
- 電子レンジの加熱時間は 600W の場合の目安です。500W の場合は 1.2 倍、700W の場合は 0.8 倍を目安にしましょう。
- 加熱時間はあくまで目安です。お使いの機種や食材量によっても変わりますので、様子を見て調節してください。
- 水分が多い食品を電子レンジで加熱する場合、急激に沸騰し、飛び散る場合があるので加熱時間には十分注意してください。
- 本書の「だし汁」は、昆布とカツオ節でとっただし汁を使用しています。ベビーフードの粉末だしを使用してもかまいません。

はじめに

これから離乳食を始めるお母さん・お父さんに
知っておいてほしいこと。それは、
赤ちゃんにとって食べるということには練習がいるということ。
食べるためには、お口や舌やあごの動きの練習が必要なのです。
はじめから赤ちゃんがパクパク食べるとは
限らないと思っていてください。

赤ちゃんがおっぱいやミルクをとても上手に飲んでくれたから、
離乳食を始める月齢になれば
自然に食べ物を食べられると思いがちですがそうではありません。
私も本当に苦労しました。
食べてくれない理由は、
必ずしも料理の味やテクニックのせいではありません。
毎日、食べる練習をすることによって、
少しずつお口の動きをマスターしていくので心配しないでくださいね。

また、離乳食は栄養をとるためだけのものではありません。
離乳食を通した赤ちゃんのお口、舌、あごの発達は
脳の発達や言葉の発達にも大きく影響します。
よく噛むことは脳を刺激し、活性化させるともいわれています。
離乳食で少しずつ噛む練習を行うことが
赤ちゃんの将来に大切な役割を果たすのです。

赤ちゃんのお口、舌、あごの発達には、個人差があります。
赤ちゃんのペースでゆっくり進めてくださいね。
離乳食はいつか必ず完了するので、はじめからうまくいかなくても
思うように進まなくても心配しなくて大丈夫。
焦らず一歩ずつ進めていきましょう。

わこう助産院院長
伊東優子

Part **1**

離乳食の基本

離乳食を作り始める前に、基本の情報を知っておきましょう。
離乳食はなぜ必要なのか、離乳食の時期の区分や調理器具・調理方法など、
これから始める離乳食に役立つ情報をまとめています。

離乳食はなぜ必要?

離乳食は、すべての赤ちゃんの成長の過程で、なくてはならないものです。
離乳食をスタートする前に、赤ちゃんにとってどんな役割があるのかを知っておきましょう。

離乳食の役割 1 母乳・ミルク以外から栄養をとる練習

赤ちゃんは、成長に伴って母乳やミルクからとる栄養だけでは不足するようになります。不足する栄養素やエネルギーを補うために、大人が食べる食事と同じものを食べる練習になるのが、離乳食です。消化・吸収器官が発達し、離乳食を通して咀嚼ができるようになり、約1年をかけて、大人と同じ食事がとれるようになります。

離乳食の役割 2 食材の味や食感に慣れる

赤ちゃんは、離乳食ではじめて食べる食材の味や、舌ざわりを経験します。この経験を繰り返すうちに、母乳やミルクで感じる甘味・旨味以外の、酸味や苦味にも慣れていきます。たくさんの食材を食べる経験を積み重ねることで、豊かな食生活に結びつきます。

離乳食の役割 3 食事を楽しみ生活リズムをつくる

お母さんやお父さんが楽しく、おいしそうに食べている姿を見ることで、赤ちゃんはだんだんと食べることへの興味や楽しさを感じるようになります。離乳食の後期からは、手づかみ食べを始め、自分で食べる楽しさ、意欲を育むことにもつながっていきます。また、毎日規則的に食事をとる習慣がつき、生活リズムの基盤を築けます。

離乳食を始める前に

離乳食を始める前に、導入として行うとよいことがあります。
赤ちゃんと触れ合いながら、離乳食の準備をしましょう。

離乳食前に行いたい準備

1 顔や唇に触られることへの抵抗を和らげる

赤ちゃんの頬に触れ、くるくると動かしたり、唇をやさしくつまんだりしてみましょう。これは、赤ちゃんが離乳食でスプーンなどを口に入れることへの抵抗をなくす練習です。たくさん触れることにより唇にスプーンが触れることに抵抗感が薄れていきます。ポイントは、スキンシップのひとつとして楽しく、笑顔で行うこと。赤ちゃんによって反応はさまざまですが、顔をそらすときは、無理に続けないようにしましょう。「おくち」「ほっぺ」などと声をかけながら触り、言葉と行動を認識させながら行ってもよいでしょう。

2 口やあご、手首や指先の発達を促す

食べる動作に必要な筋肉の発達は、赤ちゃんによって個人差があります。たとえば、母乳で育った子は、おっぱいに吸いつく動きであごや舌をよく使っていますが、ミルクで育った子は、哺乳瓶の形状によってはあごや舌の動きが少ない場合もあります。赤ちゃんに無理のない範囲でうつぶせにさせる遊びを取り入れてみましょう。赤ちゃんは、首がすわる前でも、うつぶせの状態から頭を持ち上げたり横に向けたりしようとします。この運動によって、口やあごの発達によい影響をもたらすとされています。また、床に手をつくことが、原始反射を消失させ、手首や指先のしなやかな動きにつながり、スプーンなどの道具を使うための準備としてもよい効果が期待できます。嫌がるのを無理やりさせる必要はありませんが、遊びの延長として行ってもよいでしょう。

離乳食を始めるタイミング

離乳食をスタートするタイミングを決めるには、赤ちゃんの様子をよく観察してみましょう。
チェックポイントを確認して、当てはまることが多くなったら、スタートの合図です。

離乳食スタートの目安チェック表

☑ 首のすわりが しっかりしてきた

仰向けからゆっくり引き起こしたときに体に頭がついてくるようになったら首がすわったと考えてOKです。

☑ 体を支えてあげながら 短時間すわっていられる

後ろから体を支えた状態で、おすわりの姿勢を短時間維持できるか確認しましょう。

☑ 大人の食べ物に 興味を示している

大人の食事風景をよく見ていたり、手をのばしたりするしぐさがあるかチェックしてみましょう。

☑ スプーンを口にあてても 舌で押し返さなくなる

スプーンをそっと下唇にあてたときに、舌で押し返す動作（哺乳反射）がないか確認してみましょう。

☑ よだれが増えてきた

よだれの量が以前より増えたと感じたら、消化機能が整ってきた合図です。ただし、よだれが出やすいかは個人差があります。

チェック項目はあくまで目安なので、必ずしもすべてに当てはまらなくても、様子を見てスタートして大丈夫です。

注意が必要な食材

離乳食期には避けたほうがよい食材や、食べさせ方に特に注意が必要な食材もあります。
代表的なものや、注意する理由をしっかり覚えておきましょう。

基本

離乳食期に避けたほうがよい食材の例

✕ はちみつ
✕ 黒糖
✕ ぎんなん

病気や中毒の可能性があるため、1歳以上まではちみつ・黒糖、3歳以上までぎんなんを与えてはいけません。

✕ 生魚
✕ いか
✕ たこ
✕ たらこ
✕ 貝類

消化に悪く、食中毒が起こりやすい・アレルギーを起こしやすいなどの理由で避けたい食品です。

※牡蠣はやわらかいため、しっかり火を通せば後期頃から食べられます。
※あさりは完了期から食べられます。

✕ ナッツ類

油分が多く、喉に詰まらせやすいため、避けましょう。

✕ もち
✕ こんにゃく
✕ エリンギ
✕ こんにゃくゼリー

弾力があって噛み切りにくく、喉に詰まらせやすいため、離乳食には避けたほうがよいでしょう。

✕ 塩分・糖分・油脂分・添加物等を多く含む食品

消化に悪い成分が多い食品は避けましょう。少量含む場合は、塩抜きや油抜きなどをして、赤ちゃんが食べやすい工夫をしましょう。

食品アレルギーについて

食品アレルギーとは、特定の食材を食べたときにじんましんや嘔吐、呼吸困難などの症状が出ることです。アレルギー症状が出たときに迅速に対応するために、はじめて食べる食材は右記のようなルールを守りましょう。自己判断で特定の食材を避けたり、離乳食のスタートを遅らせることは、赤ちゃんの健康によくありません。アレルギーの予防には、赤ちゃんの肌の保湿も大事だといわれています。家族にアレルギーがある場合や、アレルギーの診断を受けている場合は、かかりつけの専門医に相談しながら離乳食を進めましょう。

はじめての食材の与え方

1 はじめての食材は1日1回に

はじめての食材は、少量を1日に1回、病院が開いている午前中の時間帯に与えるとよいでしょう。タンパク質などアレルギーリスクが高い食材は、ごく少量から始めます。

2 赤ちゃんの様子をよく確認

食べさせたら、赤ちゃんの様子に変化がないかよく観察します。発疹が出たり、唇が腫れたり、呼吸が苦しそうになったりしていたら、すぐに受診しましょう。

離乳食の進め方

離乳食は大きく4つの段階に分かれています。赤ちゃんの成長に合わせて
離乳食の段階を見極めながら焦らずに進めていきましょう。

離乳食の4つの段階の目安

初期（5〜6カ月頃）

食べ物を飲み込む動作を覚え、食感や味に親しむ

離乳食回数
- 1日1回
- 慣れてきたら1日2回

食材のかたさの目安
- 噛まずに飲み込めるなめらかなポタージュ状

離乳食と母乳・ミルクのバランス
- 1日に5〜6回行う授乳のうち、午前中のどこか1回に離乳食を与える（慣れてきたら、午後にもう1回与える）
- 食後には母乳・ミルクを欲しがるだけ与える

赤ちゃんの口の発達
- 口に入ったものを舌で前から後ろに動かし、飲み込める

Point 食事の量にこだわらず、少しでも離乳食に慣れさせることが大事な時期。はじめは口から「ベー」と出しがちですが、めげずに少しずつあげましょう。

中期（7〜8カ月頃）

口をもぐもぐさせ、舌で食べ物をつぶせるようになる

離乳食回数
- 1日2回

食材のかたさの目安
- 指でかんたんにつぶせる絹ごし豆腐くらい

離乳食と母乳・ミルクのバランス
- 1日に5〜6回行う授乳のうち、午前・午後のどこか1回ずつに離乳食を与える
- 食後には母乳・ミルクを欲しがるだけ与える

赤ちゃんの口の発達
- 口を閉じてもぐもぐさせ、舌を上下に動かして食べ物をつぶせる

Point 丸飲みせず、舌でつぶしてから食べるために慎重に進めたい時期。舌先から半分あたりに少量ずつ食事をのせ、口から出してしまうときは、やわらかくして量を減らしてみましょう。

離乳食時期の月齢はあくまで目安です

離乳食時期に区分されている月齢はあくまで目安です。その月齢になったらすぐに離乳食を切り替える必要はありません。また、1歳6カ月までに完了しなければ、と急ぐ必要もありません。赤ちゃんによって離乳食の進みはさまざまですから、無理にスピードアップをせず、赤ちゃんとお母さん・お父さんが自分に合ったペースで進めていきましょう。

後期（9〜11カ月頃）

歯ぐきで噛めるようになり、自分で食べようとし始める

離乳食回数
- 1日3回

食材のかたさの目安
- 指でつぶせるバナナくらい

離乳食と母乳・ミルクのバランス
- 1日に3〜5回行う授乳のうち、朝・昼・夜の3回離乳食を与える
- 食後には母乳・ミルクを欲しがるだけ与える。欲しがらないときは与えなくてよい

赤ちゃんの口の発達
- 舌を左右にも動かして歯ぐきに食べ物をのせ、噛みつぶせる

Point いろいろなことに興味がわいて、食事に集中できないときもある時期。全部食べきれなくても、30分くらいで切り上げましょう。

完了期（1歳〜1歳6カ月）

前歯を使ってかじり、パクパクと食事ができるようになる

離乳食回数
- 1日3回
- 離乳食に加えておやつを1〜2回与えてもよい

食材のかたさの目安
- 歯ぐきで噛めるゆで卵の白身くらい

離乳食と母乳・ミルクのバランス
- 朝・昼・夜の3回離乳食を与える
- 授乳中の場合、食後には母乳・ミルクを与える。卒乳を試みている場合、食後に牛乳やフォローアップミルクを与えてもよい

赤ちゃんの口の発達
- 前歯で食べ物をかじり、歯ぐきの奥で噛みつぶせる

Point おやつはクッキーなどの焼き菓子だけではなく、乳製品や果物など、3回の食事ではとりきれない栄養を補えるものをあげてもよいでしょう。

主な調理器具・食器

離乳食の調理に使う主な道具や、フリージングに便利な道具を紹介します。
離乳食の進行に合わせて、好みの道具をそろえていってもいいでしょう。

離乳食の調理に使う道具

調理器具は小さめのサイズがあると便利です。
すりおろしやみじん切りがラクになる道具をそろえると時短になります。

小さめの鍋

赤ちゃんが食べるのは少量なので、小さめの鍋があるとゆでたり煮たりするのに便利です。

フライパン

小さなサイズのものがいいでしょう。フッ素樹脂加工で油なしでも焦げつきにくいものがおすすめです。

計量スプーン

小さじ¼など少量が測れるスプーンがセットに入っていると便利。

計量カップ

水やだし汁を測るのに使います。耐熱性ならそのまま電子レンジで使えて便利です。

おろし器

食材のすりおろしに使います。肉やパンなど水気の少ないものは凍った状態でおろしましょう。

こし器

やわらかい食材をスプーンで押しつけて裏ごしするときに。サイズが小さい茶こしがおすすめ。

すり鉢・すりこぎ

やわらかい食材をすりつぶすのに使います。小さなサイズのものを選んで。

フードプロセッサー

食材をみじん切りにしたりスライスしたりするときに使います。包丁で切るよりもラクにできるのでおすすめです。

ブレンダー

食材をなめらかにすりつぶすのにおすすめの道具。すり鉢・すりこぎよりも簡単にすりつぶせます。

※調理中や食べさせる直前に、大人が離乳食の味や温度の確認で試食に使うカトラリーは、赤ちゃんに使うカトラリーとは別に用意しましょう。

赤ちゃん用の道具・食器

大人が赤ちゃんに食べさせやすい道具や、
赤ちゃんが食べやすい食器を用意しておくとよいでしょう。

フィーディングスプーン

大人が食べさせやすいように柄が長いのが特徴。初期は溝が浅いもの、中期後半〜後期は深めのものを選んで。

> 初期や中期に幼児用スプーンで食べさせるのは、溝が深いため丸飲みの原因になるので避けましょう。

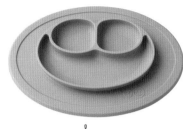

赤ちゃん用食器

すべりにくい素材で作られた離乳食用の食器。赤ちゃんがひっくり返しにくくなっています。

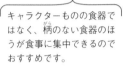

> キャラクターものの食器ではなく、柄のない食器のほうが食事に集中できるのでおすすめです。

赤ちゃん用カトラリー

赤ちゃんが自分で食べるときに使うスプーンやフォーク。

食事用スタイ

食事をこぼしても衣服を汚さないための道具。ポケットつきのものは床にも落ちにくくなっています。

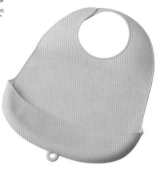

フリージングに使う道具

食材の形状や赤ちゃんの食べる量に合う保存容器を用意しましょう。
調理器具や保存容器の衛生管理も大切です。

製氷皿

作った食材を小分けにして冷凍できる道具。サイズをいくつか用意すると便利です。

ラップ

食材を包んで冷凍するときや、電子レンジで解凍するときに使います。

小分け容器

後期や完了期に食べる量が増えてきたら、製氷皿より大きめの容器を用意しておきましょう。

冷凍用保存袋

ペースト状の食材をそのまま入れたり、ラップで包んだ食材を入れて冷凍するときに使います。

基本の調理・食材の下処理

離乳食でよく使う調理方法や、おかゆの作り方、野菜などの下処理を紹介します。

よく使う調理方法

食材を赤ちゃんが食べやすい状態にしたり、口当たりをよくするために
よく使う調理の方法を知っておきましょう。

裏ごしする

やわらかく煮た食材を茶こしなどにスプーンで押しつけてなめらかなペーストにします。ブレンダーにかけてもOKです。

すりつぶす

やわらかく煮た食材をすり鉢とすりこぎでつぶします。ブレンダーにかけてもOKです。

すりおろす

ある程度かたさのある食材はおろし器ですりおろし、細かくします。

のばす

白身魚など、水分が少なめの食材は少量の水やだし汁を加えて食べやすくします。

つぶす

ゆでたじゃがいもなどはマッシャーでつぶす以外に、冷凍用保存袋に入れると手でラクにつぶせます。

ほぐす

ゆでた魚などの身をほぐすときも、冷凍用保存袋に入れると手でラクにほぐせます。

とろみをつける

初期・中期は特に赤ちゃんが飲み込みやすいように、すりおろしたじゃがいもなど、とろみのある食材を足します。

みじん切り・粗みじん切り・角切り

みじん切りは、1〜2mm角に切り、粗みじん切りは、3〜4mm角に切ります。角切りは、1cm程度に切ります。フードプロセッサーを使ってもOKです。

おかゆの作り方

おかゆは離乳食時期によって水の分量を変えて作ります。
1回に0.5合程度をまとめて炊き、フリージングすると便利です。

離乳食時期とおかゆの種類の目安

初期（5〜6カ月）

10倍がゆ

中期（7〜8カ月）

5倍がゆ

後期（9〜11カ月）

軟飯

完了期（1歳〜1歳6カ月）

ご飯

おかゆの水加減の目安

	10倍がゆ	5倍がゆ	軟飯
米から作る場合 （米：水）	1：10	1：5	1：2
ご飯から作る場合 （ご飯：水）	1：5	1：2	1：1

米から作る場合

鍋にといだ米と水を入れ、30分以上おく。中火にかけ、沸騰したらとろ火にして、約50分煮る。火を止め、ふたをして30分ほど蒸らす。

ご飯から作る場合

鍋にご飯と水を入れ、中火にかける。沸騰したら弱火にして、約20分煮る。火を止め、ふたをして20分ほど蒸らす。

電子レンジで作る場合（軟飯のみ）

耐熱容器にご飯と水を入れ、端を少し開けてラップをかけ、電子レンジで約2分加熱しそのまま10分以上蒸らす。

離乳食初期の前半はなめらかなペースト状にすりつぶす

離乳食のはじめのうちは、赤ちゃんは噛むことができないため、そのまま飲み込めるように、おかゆをペースト状にします。10倍がゆの粗熱が取れたら、ブレンダーでなめらかになるまですりつぶすか、すり鉢とすりこぎでつぶしてから裏ごしします。

うどん・食パンの調理

主食としてよく使用する2つの食材の下処理を覚えましょう。
離乳食時期によってカットする大きさを変えます。

● うどん

（初期は乾麺を使用。中期以降はゆでうどんも使用できます）

うどんはたっぷりの熱湯で
パッケージの表示時間より
長め（初期は倍以上）にや
わらかくゆで、流水でよく
すすぐ。各離乳食時期に合
わせた大きさに切る（初期
は少量の水を加えてなめら
かにすりつぶす）。

**塩分を除くために
水にさらし塩抜きする**

うどんには塩分が含まれているため、ゆであがったら
流水でよく洗い、塩抜きをします。そうめんも同様に
しましょう。

離乳食時期ごとの大きさの目安

初期（5〜6カ月）	中期（7〜8カ月）

ペースト状	みじん切り

後期（9〜11カ月）	完了期（1歳〜1歳6カ月）

1cm長さ	3cm長さ

● 食パン

（耳を除く）

食パンは耳を除き、細かく
ちぎり（初期はすりおろす）、
鍋に入れる。育児用ミルク
または牛乳を加え、やわら
かく煮る。

※食パン8枚切り½枚：ミルクまた
は牛乳90mℓの比率で作る。
※中期・後期は食パンをそのまま
食べやすくカットして与えても
OK。

**食パンを冷凍しておくと
すりおろして使いやすい**

初期は食パンをすりおろして使うため、耳を除いて冷
凍しておくと、かんたんにすりおろせます。

離乳食時期ごとの大きさの目安

初期（5〜6カ月）	中期（7〜8カ月）

パンがゆ	パンがゆ

後期（9〜11カ月）	完了期（1歳〜1歳6カ月）

角切り （手づかみ食べ）	スティック状 （手づかみ食べ）

食材の下ごしらえ

野菜は皮をむき、種などを除いて使用します。
また、昆布とカツオのだしのとり方も押さえておきましょう。

● 野菜

皮をむく

皮は基本的にピーラー・包丁を使ってすべて取り除きます。トマトの皮は十字に切り込みを入れ、熱湯にくぐらせると簡単にむけます。

種を取る

種のある野菜は基本的に種を除きます。トマトはスプーンでくりぬくように除きます。ミニトマトはスプーンの柄のほうを使うと取りやすいです。

アクを抜く

じゃがいも、なす、さつまいもなどは、皮をむいて切ってから水にさらし、アク抜きします。

芯やかたい部分を除く

キャベツの芯、ブロッコリーの茎などのかたい部分はあらかじめ取り除きます。葉菜類は、主に葉先のみを使い、後期まで茎は使いません。

● 魚

皮と骨を除く

魚の切り身はゆでてから皮と骨をていねいに取り除きます。ほぐすときにも、骨が残っていないか確認しましょう。

● 油分や塩分を多く含む食品

塩抜きする

しらす干しや、ツナ缶などの塩分が多い食品は、茶こしなどに入れて熱湯を回しかけ、塩抜きします。

● だし汁　昆布とカツオだしのとり方

材料
水…500㎖
だし昆布…1枚（5g）
カツオ節…ひとつかみ（5g）

作り方

1 小鍋に水とだし昆布を入れ、30分以上おく。

2 1を弱火にかけ、沸騰直前で火を止めてだし昆布を取り出し、カツオ節を入れる。

3 再び火にかけ、沸騰したらすぐに弱火にし、1分煮て、火を止めて1分おく。

4 ボウルにざるをのせ、その上にペーパータオルを敷いて**3**を注ぎ、こす。こした後はペーパータオルを絞らないようにする。

※離乳食のだしには、塩分や添加物を多く含む大人用のだしパックは使えません。ベビーフードの粉末だしは使用できます。

フリージングの基本

ここでは、フリージングの基本的な内容を紹介します。
赤ちゃんの離乳食には、特にしっかりと衛生管理を行うことが大切です。

フリージングの基本ルール

安全にフリージングを行うために、9つの基本ルールを守りましょう。
赤ちゃんは抵抗力が弱いため、雑菌が繁殖しないよう、大人より注意が必要です。

1 新鮮なうちに調理する

魚、肉、野菜など、買った食材はなるべく早く調理して冷凍しましょう。

2 器具・容器を清潔にする

調理器具や保存容器はよく洗って乾かします。生肉や生魚と野菜などは使う包丁とまな板を分けます。

3 加熱してから冷凍する

食材は加熱してから冷凍します。特に肉や魚は、生の状態で冷凍するのは避けましょう。

4 冷凍前にしっかり冷ます

雑菌を繁殖させないために、バットなどに並べ冷凍前にしっかり粗熱を取ります。

5 菜箸を使い回さない

調理の工程別や試食用に違う菜箸を用意し、使い回さないようにしましょう。

6 1回分ずつ小分けにする

1回分ずつ取り出して使うため、あらかじめ製氷皿などに小分けにして冷凍します。

7 密閉して保存する

ファスナーつきの冷凍用保存袋や、密閉できる保存容器に入れ、なるべく空気を抜きましょう。

8 再冷凍はしない

一度解凍してから、余った食材を再冷凍するのはNGです。

9 1週間で使い切る

冷凍した食材は1週間以内には使い切るようにしましょう。

フリージングのコツ

フリージングの方法は、食材の形状などに合わせて考えましょう。
基本ルールを守り、当日に使いやすいように保存するのがポイントです。

ゆでたものは水気をきる

ゆでた食材は、ペーパータオルなどでしっかり水気を拭き取ります。

少量のペーストは筋目をつけて保存

少量のペーストは、冷凍用保存袋に入れて薄くのばし、菜箸などで筋目をつけて冷凍します。

水気の少ないものはラップで包む

水気が少ない野菜などは、1回分ずつラップで包み、冷凍用保存袋に入れます。

だし汁やスープは製氷皿に入れる

うどんなどだし汁と一緒に冷凍するものは、製氷皿を使います（大きめサイズが便利）。

冷凍してから保存袋に移す

製氷皿で冷凍した食材は、凍ったら冷凍用保存袋に移すと、冷凍庫のにおい移りを防止できます。製氷皿も空くので便利です。

1回分の量が増えてきたら小分け容器に

後期や完了期に主食の軟飯やご飯などの量が増えてきたら、小分け容器を使用しましょう。

冷凍した日付を記入する

いつ食材を冷凍したかわかるように、冷凍用保存袋に日付を記入しておきましょう。

アルミ板を使用すると冷凍効率アップ

冷凍用のアルミ板や、バットなどに食材を直接のせて冷凍すると速く冷凍できます。凍ったら冷凍用保存袋に移します。

冷凍速度が速いと風味が保てる

食材が凍るまでの時間を短くすることで、風味を損なわず、おいしく食べられます。

解凍のコツ

フリージングした食材をおいしく食べるために、解凍にもちょっとしたコツがあります。
下記のポイントを押さえておきましょう。

自然解凍はしない

フリージング食材の自然解凍は、雑菌が繁殖しやすいので NG です。

家庭の電子レンジのW数を確認

600 40W

本書の解凍時間の目安は600Wを想定しています。使用する電子レンジの設定を確認しましょう。

加熱時間は様子を見て調節する

加熱時間より少し短めのところで、電子レンジを開けて確認し、熱しすぎていないかチェックします。

食べる直前に加熱する

解凍してから時間をおかないように注意を。必ず食べる直前に解凍します。

隙間をあけてラップをかける

ラップに隙間をあけて空気の通り道を作り、破裂するのを防ぎます。

加熱ムラのないようによく混ぜる

加熱後は、スプーンでよくかき混ぜ、加熱ムラをなくしましょう。

水分が少ない食材は加熱前に水を足す

パサつきやすい食材は、少量の水をかけてから加熱しましょう。

試食用のスプーンは分ける

虫歯予防のため、解凍具合の確認などで大人が試食に使うスプーンは赤ちゃん用とは分けましょう。

鍋での少量解凍はNG

離乳食は量が少ないので、鍋での解凍は水分が飛んでしまうため、避けましょう。

取り分け離乳食の基本

本書の巻末（→ p.124）では大人用のレシピから食材を取り分けて
離乳食を作るアイデアも紹介しています。ここではその基本のルールを学びます。

基本

初期

中期

後期

完了期

取り分け離乳食の基本ルール

取り分け離乳食で大人のレシピを考えるときは、離乳食の注意点を思い出しながら、
食材の種類、やわらかさ、味付けなどに注意して作りましょう。

1 赤ちゃんが食べられる食材かチェック

食べられる食材・大きさ一覧表（→ p.2）

まず、使う食材は、赤ちゃんが食べられるものか確認します。食べられる食材・大きさ一覧表も活用しましょう。食べられないものは 4 で対応できるか検討して。

取り分け離乳食に向いている料理	取り分け離乳食に向かない料理
●煮物 （カレー、おでん、シチューなど） ●汁物 （スープ、味噌汁など）	●炒め物 ●揚げ物 ●その他、油を多く使う料理など

2 大人用の料理もいつもよりやわらかく煮る

赤ちゃん用に調理途中で食材を取り出すため、最終的に大人が食べる食材もいつもよりやわらかく煮た仕上がりになります。

3 味付け前に取り分ける

赤ちゃんは、大人用の味付けや調味料を使うと食べられないため、味付け前に取り分けます。

4 食べられない食材は後から入れる

赤ちゃんがまだ食べられない食材は、離乳食用に取り分けた後に入れます。最後に入れても OK な食材か、事前に確認して。

5 ゆでた後に切る道具や手を清潔にする

大人用に大きめにカットした食材を加熱して取り分けてから、小さく切るときの包丁・まな板・手はよく洗いましょう。

市販のベビーフードを活用

離乳食を手作りするのが難しいときは、手軽に使える市販のベビーフードを活用しても。
あらかじめ利用のコツも知っておきましょう。

ベビーフードとは

赤ちゃんの月齢に合わせた食材の大きさ、やわらかさ、味に調節された市販の離乳食のこと。食材を下ごしらえまでしてあるものや、調理が済んでいてそのまま食べられるものなど種類がたくさんあります。はじめて離乳食を手作りするときに、離乳食とはどんなものか知るための見本として活用することもできます。

ベビーフードは大きく分けて2タイプ

ドライタイプ

粉末状、顆粒状、フレーク状など、固形で乾燥したタイプ。水やお湯を加え、元の形状にしてから食べられます。

ウエットタイプ

液状又は半固形状のタイプ。料理が完成した状態のレトルト食品などが中心で、電子レンジで温めて食べるものや、そのまま食べられるものもあります。

ベビーフードの上手な使い方

ベビーフードを利用する場合は、赤ちゃんの発達時期に合った製品を選びましょう。

！大人が味見をして食感などを確認

はじめてのベビーフードは、先に大人が味見をして、味付けややわらかさなどを確認しましょう。

！はじめて食べる食材がないかチェック

調理済みのベビーフードは、はじめての食材を使っていないか確認し、与える量などに注意しましょう。

！食べる直前に開封し、食べ残しは与えない

開封してから時間がたったものや、食べ残しを後で与えないようにしましょう。

本書でおすすめのベビーフード活用法

1 外出時や旅行中に1回分を置き換え

外出や旅行などで離乳食を手作りしにくいときに、置き替えて与えます。

2 下ごしらえのみのベビーフードを使用

小さくカットした野菜をやわらかくゆでたベビーフードを使い、味付けをして離乳食を作ります。

3 ベビーフードを少しアレンジ (→ p.121)

そのまま食べられるベビーフードに、食材を少し足してアレンジしましょう。

Part 2

時期別
離乳食レシピ

初期・中期・後期・完了期の時期ごとに分かれた離乳食のレシピです。
初期の後半からは、1週間分ずつのフリージング材料をアレンジして
3週分の献立が作れる便利なローテーションレシピを紹介しています。

初期
(5〜6カ月)
前半

このころの赤ちゃんの様子と食材量の目安

いよいよ離乳食をスタートします。まずは食べ物をごっくんと飲み込めるようになることが目標です。思うようにいかないときも焦らず進めましょう。

食べられる食材

10倍がゆをなめらかなペースト状にしたものから始めます。慣れてきたら、野菜のペーストにもチャレンジ。タンパク質は、初期には負担になりやすいため後半になったらごく少量から試しましょう。

食材のやわらかさ

はじめのうちは、飲み込みやすいなめらかな状態にするために、水分を加えてブレンダーにかけるか、すりつぶしてから裏ごしをしっかり行います。

発音の目安

「ま」「ぱ」「ば」などの発音がでてくるようになると、離乳食初期に合った口の動きができる目安になります。

授乳と離乳食の 1日のスケジュール例

6：00　授乳

10：00　離乳食 → 授乳

13：00　授乳

17：00　授乳

21：00　授乳

午前中の授乳のどこか1回に離乳食を与えます。食後は欲しがるだけ母乳・ミルクをあげましょう。

離乳食初期のアドバイス

初期の離乳食は飲み込む練習

まずは、「食べる」「栄養をとる」ことが目的ではなく、「飲み込む」練習や母乳・ミルク以外の新しい味を知る練習をすることが目的と考えましょう。最初からうまくいくことはなかなかありませんが、それでも問題はありません。根気よく練習を続けることが大切です。

大人も食べさせる練習を

このころの赤ちゃんの口は、舌を前後に動かすことが中心で、口からこぼすことも多いですし、食べさせ方にも少しコツがいります。食べさせるときにお母さん・お父さんが真剣な顔でスプーンを近づけたら、赤ちゃんもびっくりしますので、常に笑顔を忘れずに。

1回分の食材量の目安

タンパク質

炭水化物

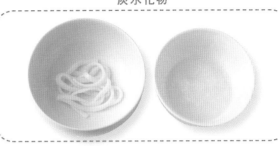

ビタミン

炭水化物	ビタミン	タンパク質
ゆでたうどんの場合：〜10g	にんじんの場合：〜20g	白身魚の場合：〜10g
10倍がゆの場合：〜大さじ2	ほうれん草の場合：〜20g	卵黄の場合：1個
		絹ごし豆腐の場合：〜30g

※食材ごとに、1回分の目安量を記載しています。これらすべての食材を1回の食事に使うという目安ではありません。
※離乳食を始めて約1カ月頃の1回分の食材量の目安です。

離乳食の食べさせ方

ひざの上でだっこして
唇にスプーンをあてる

赤ちゃんの口に合う、小さく溝の浅いスプーンを用意しましょう。赤ちゃんをひざの上でだっこします。

1 下唇の上にスプーンをのせ、自然に口が開くのを待ちます。

2 赤ちゃんが口を開けたら、スプーンを唇の裏あたりまで浅く入れます。奥に入れると飲み込みにくくなるので注意しましょう。

3 口が閉じるのを待ち、閉じたらスプーンを平行にすっと引き抜きます。スプーンを上に引き上げるのはNGです。

1・2週目 フリージング食材・レシピ

1日1回

まずはベビースプーン1杯のおかゆを飲み込む練習から始めましょう。
2週目からは野菜ペーストにもチャレンジ！

1週目フリージング食材

A 10倍がゆ
7回分

作り方
1 10倍がゆ（→p.17）100gをなめらかにすりつぶす。
2 ひとさじ分から徐々に増やしながら与えられるように、製氷皿に7等分して入れる。

※凍ってから冷凍用保存袋に移します。
※材料はブレンダーに付着する分などを考慮し、赤ちゃんに与える分量よりも多めに設定しています。

1週目レシピ

月〜日

10倍がゆ

材料
A 10倍がゆ…1回分

作り方
Aは電子レンジで50秒加熱する。ひとさじ分程度与える。

2週目フリージング食材

A 10倍がゆ
7回分

作り方
1 10倍がゆ（→p.17）200gを粒がなくなるまでなめらかにすりつぶす。
2 1週目に与えたおかゆの量から徐々に増やしながら与えられるように、製氷皿に7等分して入れる。

2週目レシピ

月 水 金 日

10倍がゆ・にんじんペースト

材料
A 10倍がゆ…1回分
B にんじんペースト…1回分

作り方
Aは電子レンジで1分10秒、Bは30秒加熱する。Aはひとさじ分から徐々に増やして与え、Bはひとさじ分与える。

離乳食スタートのヒント

　はじめての離乳食では、赤ちゃんもお母さん・お父さんもとまどいの連続です。がんばって作った離乳食を食べてくれないなど、悲しいことも多いかもしれませんが、練習を繰り返すことでだんだんと離乳食は進んでいきます。無理はしないで、赤ちゃんと自分のペースで焦らず進めていきましょう。

B にんじんペースト

4回分

作り方
1 皮をむいたにんじん40gを1cm幅に切り、やわらかくゆでる（ゆで汁は残しておく）。
2 1とゆで汁を少量加えてなめらかにすりつぶす。
3 製氷皿か冷凍用保存袋に4等分して入れる。

C かぶペースト

3回分

作り方
1 皮を厚くむいたかぶ30gを半分に切り、やわらかくゆでる（ゆで汁は残しておく）。
2 1とゆで汁を少量加えてなめらかにすりつぶす。
3 製氷皿か冷凍用保存袋に3等分して入れる。

火 木 土

10倍がゆ・かぶペースト

材料
A 10倍がゆ…1回分
C かぶペースト
　　…1回分

作り方
A は電子レンジで1分10秒、Cは30秒加熱する。Aはひとさじ分から徐々に増やして与え、Cはひとさじ分与える。

おかゆは徐々に増やし最終的に大さじ2程度与える

　おかゆの量は、無理のない範囲で毎日少しずつ増やしていきましょう。赤ちゃんが欲しがっていれば、早いうちから量を増やしてもかまいません。なかなか食べないようなら、無理に量を増やさなくても大丈夫です。初期の後半ごろには、大さじ2程度の量になるのが目安です。

初期
（5～6カ月）
前半

1日1回

3週目
フリージング食材・レシピ

3週目からさまざまな食材が加わります。この時期は母乳やミルク以外の食材に
慣れることが目的なので、欲しがらなければ無理に食べさせなくても大丈夫です。

3週目フリージング食材

A 10倍がゆ
7回分

作り方
1 10倍がゆ（→p.17）200g
をなめらかにすりつぶす。
2 製氷皿に7等分して入れ
る。

B かぼちゃ
4回分

作り方
1 皮をむき、種とわたを除
いたかぼちゃ40gをやわ
らかくゆでる（ゆで汁は
残しておく）。
2 1とゆで汁を少量加えて
なめらかにすりつぶす。
3 製氷皿か冷凍用保存袋に
4等分して入れる。

C キャベツ
3回分

作り方
1 キャベツの葉先30gをち
ぎり、やわらかくゆでる
（ゆで汁は残しておく）。
2 1とゆで汁を少量加えて
なめらかにすりつぶす。
3 製氷皿か冷凍用保存袋に
3等分して入れる。

D りんご
3回分

作り方
1 皮をむいたりんご30gを
やわらかくゆでる（ゆで
汁は残しておく）。
2 1とゆで汁を少量加えて
なめらかにすりつぶす。
3 製氷皿か冷凍用保存袋に
3等分して入れる。

E ブロッコリー
3回分

作り方
1 ブロッコリーの先端30g
をやわらかくゆでる（ゆ
で汁は残しておく）。
2 1とゆで汁を少量加えて
なめらかにすりつぶす。
3 製氷皿か冷凍用保存袋に
3等分して入れる。

※製氷皿に入れた場合、凍ってから冷凍用保存袋に移します。
※材料はブレンダーに付着する分などを考慮し、赤ちゃんに与える
　分量よりも多めに設定しています。

3週目レシピ

月

火

初期

かぼちゃがゆ

材料
A 10倍がゆ…1回分
B かぼちゃ…1回分

作り方
1 Aは電子レンジで1分10秒、Bは30秒加熱する。
2 AにBをひとさじ分のせる。

キャベツがゆ・かぼちゃ

材料
A 10倍がゆ…1回分
B かぼちゃ…1回分
C キャベツ…1回分

作り方
1 Aは電子レンジで1分10秒、B・Cは30秒ずつ加熱する。
2 AにCをひとさじ分のせる。

水

木

りんごがゆ・キャベツ

材料
A 10倍がゆ…1回分
C キャベツ…1回分
D りんご…1回分

作り方
1 Aは電子レンジで1分10秒、C・Dは30秒ずつ加熱する。
2 AにDをひとさじ分のせる。

ブロッコリーがゆ・りんごキャベツ

材料
A 10倍がゆ……1回分
C キャベツ…1回分
D りんご…1回分
E ブロッコリー…1回分

作り方
1 Aは電子レンジで1分10秒、C・D・Eは30秒ずつ加熱する。
2 AにEをひとさじ分のせる。C・Dを合わせる。

10倍がゆ・かぼちゃオレンジ

材料
A 10倍がゆ…1回分
B かぼちゃ…1回分
オレンジ…¼個

作り方
1 Aは電子レンジで1分10秒、Bは30秒加熱する。
2 オレンジは厚い皮を切り落として小皿に盛り、フォークなどで押しつぶして絞った果汁ひとさじ分をBと合わせる。

10倍がゆ・りんごブロッコリー

材料
A 10倍がゆ…1回分
D りんご…1回分
E ブロッコリー…1回分

作り方
1 Aは電子レンジで1分10秒、D・Eは30秒ずつ加熱する。
2 D・Eを合わせる。

ブロッコリーがゆ・かぼちゃ

材料
A 10倍がゆ…1回分
B かぼちゃ…1回分
E ブロッコリー…1回分

作り方
1 Aは電子レンジで1分10秒、B・Eは30秒ずつ加熱する。
2 A・Eを合わせる。

プチ 離乳食 初期
Q&A

Q 赤ちゃんの様子が落ち着かず離乳食をあげられません

A 先に少し授乳してからあげてみましょう

赤ちゃんのお腹がすきすぎていると、なかなか落ち着けない場合もあるかもしれません。先に少し授乳をしてから、落ち着いたところで離乳食を与えてみましょう。

4週目 フリージング食材・レシピ

4週目も新しい食材をひとさじ分から試し、赤ちゃんの好みや飲み込む様子を
よく観察して、徐々にいろいろな食べ物に慣れさせていきましょう。

初期

4週目フリージング食材

A 10倍がゆ
4回分

作り方
1 10倍がゆ（→p.17）120g
　をなめらかにすりつぶす。
2 製氷皿に4等分（大さじ
　2ずつより少し多め）し
　て入れる。

B うどん
3回分

作り方
1 うどん（乾麺）9gをパッ
　ケージの表示時間よりも
　長めにゆで、ざるにとっ
　て流水ですすぐ。
2 1に白湯を少量加えてな
　めらかにすりつぶす。
3 製氷皿か冷凍用保存袋に
　3等分して入れる。

C ほうれん草
2回分

作り方
1 ほうれん草の葉先20gを
　やわらかくゆで、流水に
　とってよく絞る。
2 1と水を少量加えてなめ
　らかにすりつぶす。
3 製氷皿か冷凍用保存袋に
　2等分して入れる。

D 白菜
4回分

作り方
1 白菜の葉先40gをやわら
　かくゆでる（ゆで汁は残
　しておく）。
2 1とゆで汁を少量加えて
　なめらかにすりつぶす。
3 製氷皿か冷凍用保存袋に
　4等分して入れる。

E じゃがいも
3回分

作り方
1 皮をむき、芽を除いたじゃ
　がいも30gをやわらか
　くゆでる（ゆで汁は残し
　ておく）。
2 1とゆで汁を少量加えて
　なめらかにすりつぶす。
3 製氷皿か冷凍用保存袋に
　3等分して入れる。

F トマト
4回分

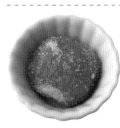

作り方
1 皮をむき、種を除いたト
　マト40gをなめらかにす
　りつぶす。
2 製氷皿か冷凍用保存袋に
　4等分して入れる。

※製氷皿に入れた場合、凍ってから冷凍用保存袋に移します。
※材料はブレンダーに付着する分などを考慮し、赤ちゃんに与える
　分量よりも多めに設定しています。
※ほうれん草は苦手な赤ちゃんも多い食材です。じゃがいもやうどん
　などの炭水化物やバナナと混ぜると食べやすい場合もあります。
　一度食べなくても、組み合わせを変えて試してみましょう。

4週目レシピ

月

火

トマトがゆ

材料
A 10倍がゆ…1回分
F トマト…1回分

作り方
1 Aは電子レンジで1分10秒、Fは30秒加熱する。
2 AにFをひとさじ分のせる。

白菜がゆ・トマト

材料
A 10倍がゆ…1回分
D 白菜…1回分
F トマト…1回分

作り方
1 Aは電子レンジで1分10秒、D・Fは30秒ずつ加熱する。
2 AにDをひとさじ分のせる。

水

木

白菜じゃがいもがゆ

材料
A 10倍がゆ…1回分
D 白菜…1回分
E じゃがいも…1回分

作り方
1 Aは電子レンジで1分10秒、D・Eは30秒ずつ加熱する。
2 A・Dを合わせる。Eをひとさじ分のせる。

白菜うどん・じゃがいも

材料
B うどん…1回分
D 白菜…1回分
E じゃがいも…1回分

作り方
1 Bは電子レンジで1分10秒、D・Eは30秒ずつ加熱する。
2 DにBをひとさじ分のせる。

ほうれん草うどん・トマト

材料
B うどん…1回分
C ほうれん草…1回分
F トマト…1回分

作り方
1 B は電子レンジで1分10秒、C・F は30秒加熱する。
2 B に C をのせる。

10倍がゆ・じゃがいもほうれん草

材料
A 10倍がゆ…1回分
C ほうれん草…1回分
E じゃがいも…1回分

作り方
1 A は電子レンジで1分10秒、C・E は30秒ずつ加熱する。
2 C に E をのせる。

白菜トマトうどん

材料
B うどん…1回分
D 白菜…1回分
F トマト…1回分

作り方
1 B は電子レンジで1分10秒、D・F は30秒加熱する。
2 B に D・F をのせる。

プチ 離乳食 初期 Q&A

Q うまくいかないときは離乳食を中断してもいいですか?

A 完食できなくても毎日あげ続けましょう

食べてくれないときは、無理して完食させる必要はありません。食べなくなった時点でその日は食事を終了してOK。ただし、毎日離乳食を与えることは続けましょう。赤ちゃんの体調が悪かったり、熱があったりする場合には、しばらく離乳食を中断してもかまいません。再開のタイミングは医師と相談しましょう。

初期
（5〜6カ月）
後半

1日2回

フリージング ローテーション食材

だんだん離乳食に慣れてきたら、食事の回数を2回に増やし、しらすやカレイなどのタンパク質も少しずつ与えていきます。

基本の週

A 10倍がゆ
13回分

作り方
1. 10倍がゆ（→p.17）350gをなめらかにすりつぶす。
2. 製氷皿に13等分（大さじ2ずつより少し多め）して入れる。

B しらす干し
8回分

作り方
1. しらす干し40gに熱湯をかけて塩抜きし、白湯を少量加えてなめらかにすりつぶす。
2. 製氷皿か冷凍用保存袋に8等分して入れる。

C カレイ
5回分

作り方
1. カレイの刺身50gをやわらかくゆでる（ゆで汁は残しておく）。
2. 1とゆで汁を少量加えてなめらかにすりつぶす。
3. 製氷皿か冷凍用保存袋に5等分して入れる。

D 小松菜
10回分

作り方
1. 小松菜の葉先100gをやわらかくゆでる（ゆで汁は残しておく）。
2. 1とゆで汁を少量加えてなめらかにすりつぶす。
3. 製氷皿か冷凍用保存袋に10等分して入れる。

E バナナ
3回分

作り方
皮をむいたバナナ30gを冷凍用保存袋に入れ、指で押しつぶし、3等分する。

F カリフラワー
2回分

作り方
1. カリフラワーの先端20gをやわらかくゆでる（ゆで汁は残しておく）。
2. 1とゆで汁を少量加えてなめらかにすりつぶす。
3. 製氷皿か冷凍用保存袋に2等分して入れる。

G さつまいも
3回分

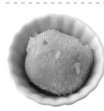

作り方
1. 皮をむいたさつまいも30gをやわらかくゆでる（ゆで汁は残しておく）。
2. 1とゆで汁を少量加えてなめらかにすりつぶす。
3. 製氷皿か冷凍用保存袋に3等分して入れる。

※製氷皿に入れた場合、凍ってから冷凍用保存袋に移します。
※材料はブレンダーに付着する分などを考慮し、赤ちゃんに与える分量よりも多めに設定しています。
※おかゆをすりつぶさなくても食べられる子も出てくる頃なので、様子を見てすりつぶすかどうか判断しましょう。
※卵黄は特にアレルギーが出やすい食材のため、ごく少量から徐々に与える量を増やす献立にしています。しらす干しやカレイなどその他のタンパク質も同様にごく少量からの献立にしていますが、赤ちゃんのアレルギーリスクが低い場合はひとさじ分から始めて、それ以降は全量与えてもかまいません。

アレンジ週 ❶

A 10倍がゆ
13回分

作り方
基本の週A(→p.36)と同様に用意する。

B 卵黄
8回分

作り方
1 卵4個を水からゆでる。沸騰したら弱火～中火にして12分程度ゆで、固ゆで卵にする。
2 卵黄のみを取り出し、白湯を少量加えてなめらかにすりつぶす。
3 製氷皿か冷凍用保存袋に8等分して入れる。

C タイ
5回分

作り方
1 タイの刺身50gをやわらかくゆでる(ゆで汁は残しておく。)
2 1とゆで汁を少量加えてなめらかにすりつぶす。
3 製氷皿か冷凍用保存袋に5等分して入れる。

D キャベツ
10回分

作り方
1 キャベツの葉先100gをやわらかくゆでる(ゆで汁は残しておく)。
2 1とゆで汁を少量加えてなめらかにすりつぶす。
3 製氷皿に10等分して入れる。

E バナナ
3回分

作り方
皮をむいたバナナ30gを冷凍用保存袋に入れ、指で押しつぶし、3等分する。

F 玉ねぎ
2回分

作り方
1 玉ねぎ20gをやわらかくゆでる(ゆで汁は残しておく)。
2 1とゆで汁を少量加えてなめらかにすりつぶす。
3 製氷皿か冷凍用保存袋に2等分して入れる。

G 里いも
3回分

作り方
1 皮をむいた里いも30gをやわらかくゆでる(ゆで汁は残しておく)。
2 1とゆで汁を少量加えてなめらかにすりつぶす。
3 製氷皿か冷凍用保存袋に3等分して入れる。

アレンジ週 ❷

A 10倍がゆ
13回分

作り方
基本の週A(→p.36)と同様に用意する。

B 豆腐
8回分

作り方
絹ごし豆腐は冷凍せず、当日に1回分30gずつすりつぶして使用する。

C ヒラメ
5回分

作り方
1 ヒラメの刺身50gをやわらかくゆでる(ゆで汁は残しておく)。
2 1とゆで汁を少量加えてなめらかにすりつぶす。
3 製氷皿か冷凍用保存袋に5等分して入れる。

D 白菜
10回分

作り方
1 白菜の葉先100gをやわらかくゆでる(ゆで汁は残しておく)。
2 1とゆで汁を少量加えてなめらかにすりつぶす。
3 製氷皿か冷凍用保存袋に10等分して入れる。

E バナナ
3回分

作り方
皮をむいたバナナ30gを冷凍用保存袋に入れ、指で押しつぶして、3等分する。

F 大根
2回分

作り方
1 皮をむいた大根20gをやわらかくゆでる(ゆで汁は残しておく)。
2 1とゆで汁を少量加えてなめらかにすりつぶす。
3 製氷皿か冷凍用保存袋に2等分して入れる。

G とうもろこし
3回分

作り方
1 とうもろこしの粒60gをやわらかくゆでる。
2 1とゆで汁を少量加えてなめらかにすりつぶし、裏ごしする。
3 製氷皿か冷凍用保存袋に3等分して入れる。

※とうもろこしは、薄皮の食感が残りやすく、すりつぶしにくいため、裏ごしとうもろこしのベビーフードを当日に開けて利用するほうがおすすめです。

ローテーションレシピ

月 ：午前

月 ：午後

基本の週

しらすがゆ

材料
A 10倍がゆ…1回分
B しらす干し…1回分

作り方
1 Aは電子レンジで1分10秒、Bは20秒加熱する。
2 Aに Bを小豆ひと粒分程度のせる。

オレンジ果汁

材料
オレンジ…¼個

作り方
オレンジは厚い皮を切り落として小皿に盛り、フォークなどで押しつぶして果汁10g分を絞る。

しらすがゆ

材料
A 10倍がゆ…1回分
B しらす干し…1回分

作り方
1 Aは電子レンジで1分10秒、Bは20秒加熱する。
2 Aに Bを小豆2粒分程度のせる。

アレンジ週①

卵がゆ

Bを卵黄1回分に替えて作る。

オレンジ果汁

卵がゆ

Bを卵黄1回分に替えて作る。

アレンジ週②

豆腐がゆ

Bを豆腐1回分に替えて作る。

オレンジ果汁

豆腐がゆ

Bを豆腐1回分に替えて作る。

火：午前

火：午後

初期

しらすがゆ（小松菜ペーストのせ）

材料
- **A** 10倍がゆ…1回分
- **B** しらす干し…1回分
- **D** 小松菜…1回分

作り方
1 **A** は電子レンジで1分10秒、**B** は20秒、**D** は30秒加熱する。
2 **A** に **B** を小豆3粒分程度合わせ、**D** をひとさじ分のせる。

卵がゆ（キャベツペーストのせ）

B を卵黄1回分、**D** をキャベツ1回分に替えて作る。

豆腐がゆ（白菜ペーストのせ）

B を豆腐1回分、**D** を白菜1回分に替えて作る。

10倍がゆ

材料
- **A** 10倍がゆ…1回分

作り方
A は電子レンジで1分10秒加熱する。

小松菜・しらすペースト

材料
- **B** しらす干し…1回分
- **D** 小松菜…1回分

作り方
1 **B** は電子レンジで20秒、**D** は30秒加熱する。
2 **D** に **B** を小さじ1程度のせる。

10倍がゆ

キャベツ・卵ペースト

B を卵黄1回分、**D** をキャベツ1回分に替えて作る。

10倍がゆ

白菜・豆腐ペースト

B を豆腐1回分、**D** を白菜1回分に替えて作る。

水 ：午前

水 ：午後

基本の週

しらすがゆ

材料
A 10倍がゆ…1回分
B しらす干し…1回分

作り方
1 Aは電子レンジで1分10秒
加熱し、Bは20秒加熱す
る。
2 AとBを合わせる。

小松菜がゆ

材料
A 10倍がゆ…1回分
D 小松菜…1回分

作り方
1 Aは電子レンジで1分10秒、
Dは30秒加熱する。
2 AとDを合わせる。

小松菜・バナナペースト

材料
D 小松菜…1回分
E バナナ…1回分

作り方
1 D・Eは電子レンジで30
秒加熱する。
2 DにEをひとさじ分のせる。

バナナペースト

材料
E バナナ…1回分

作り方
Eは電子レンジで30秒加熱
する。

アレンジ週①

卵がゆ

Bを卵黄1回分に替えて作る。

キャベツ・バナナペースト

Dをキャベツ1回分に替えて
作る（Eは全量のせる）。

キャベツがゆ

Dをキャベツ1回分に替えて
作る。

バナナペースト

アレンジ週②

豆腐がゆ

Bを豆腐1回分に替えて作る。

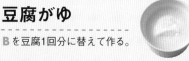

白菜・
バナナペースト

Dを白菜1回分に替えて作る
（Eは全量のせる）。

白菜がゆ

Dを白菜1回分に替えて作る。

バナナペースト

初期

小松菜がゆ （カレイペーストのせ）

材料
A 10倍がゆ…1回分
C カレイ…1回分
D 小松菜…1回分

作り方
1 Aは電子レンジで1分10秒、C・Dは30秒ずつ加熱する。
2 AとDを合わせ、Cを小豆ひと粒分程度のせる。

カレイがゆ

材料
A 10倍がゆ…1回分
C カレイ…1回分

作り方
1 Aは電子レンジで1分10秒、Cは30秒加熱する。
2 AにCを小豆2粒分程度のせる。

小松菜・バナナペースト

材料
D 小松菜…1回分
E バナナ…1回分

作り方
1 D・Eは電子レンジで30秒ずつ加熱する。
2 DにEをのせる。

キャベツがゆ （タイペーストのせ）

Cをタイ1回分、Dをキャベツ1回分に替えて作る。

タイがゆ

Cをタイ1回分に替えて作る。

キャベツ・バナナペースト

Dをキャベツ1回分に替えて作る。

白菜がゆ （ヒラメペーストのせ）

Cをヒラメ1回分、Dを白菜1回分に替えて作る。

ヒラメがゆ

Cをヒラメ1回分に替えて作る。

白菜・バナナペースト

Dを白菜1回分に替えて作る。

ローテーションレシピ

初期
（5〜6カ月）
後半

金：午前

金：午後

基本の週

しらすがゆ （カリフラワーペーストのせ）

材料
A 10倍がゆ…1回分
B しらす干し…1回分
F カリフラワー…1回分

作り方
1 **A**は電子レンジで1分10秒、**B**は20秒、**F**は30秒加熱する。
2 **A**に**B**を2さじ分合わせ、**F**をひとさじ分のせる。

カリフラワーがゆ

材料
A 10倍がゆ…1回分
F カリフラワー…1回分

作り方
1 **A**は電子レンジで1分10秒、**F**は30秒加熱する。
2 **A**と**F**を合わせる。

小松菜・カレイペースト

材料
C カレイ…1回分
D 小松菜…1回分

作り方
1 **C**・**D**は電子レンジで30秒ずつ加熱する。
2 **D**に**C**を小豆3粒分程度のせる。

アレンジ週❶

卵がゆ （玉ねぎペーストのせ）

Bを卵黄1回分、**F**を玉ねぎ1回分に替えて作る。

玉ねぎがゆ

Fを玉ねぎ1回分に替えて作る。

キャベツ・タイペースト

Cをタイ1回分、**D**をキャベツ1回分に替えて作る。

アレンジ週❷

豆腐がゆ （大根ペーストのせ）

Bを豆腐1回分、**F**を大根1回分に替えて作る。

大根がゆ

Fを大根1回分に替えて作る。

白菜・ヒラメペースト

Cをヒラメ1回分、**D**を白菜1回分に替えて作る。

土 午前

土 午後

初期

さつまいもがゆ

材料
A 10倍がゆ…1回分
G さつまいも…1回分

作り方
1 Aは電子レンジで1分10秒、Gは30秒加熱する。
2 AにGをひとさじ分のせる。

しらす・小松菜ペースト

材料
B しらす干し…1回分
D 小松菜…1回分

作り方
1 B・Dは電子レンジで30秒ずつ加熱する。
2 BとDを合わせる。

さつまいもがゆ （カレイペーストのせ）

材料
A 10倍がゆ…1回分
C カレイ…1回分
G さつまいも…1回分

作り方
1 Aは電子レンジで1分10秒、C・Gは30秒ずつ加熱する。
2 A・Gを合わせ、Cを小さじ1程度のせる。

里いもがゆ

Gを里いも1回分に替えて作る。

卵・キャベツペースト

Bを卵黄1回分、Dをキャベツ1回分に替えて作る。

里いもがゆ （タイペーストのせ）

Cをタイ1回分、Gを里いも1回分に替えて作る。

とうもろこしがゆ

Gをとうもろこし1回分に替えて作る。

豆腐・白菜ペースト

Bを豆腐1回分、Dを白菜1回分に替えて作る。

とうもろこしがゆ （ヒラメペーストのせ）

Cをヒラメ1回分、Gをとうもろこし1回分に替えて作る。

43

ローテーションレシピ

基本の週

しらすがゆ

材料
A 10倍がゆ…1回分
B しらす干し…1回分

作り方
1 **A**は電子レンジで1分10秒、**B**は20秒加熱する。
2 **A**に**B**をのせる。

小松菜・パンのトロトロ

材料
D 小松菜…1回分
食パン（8枚切り・耳を除く）…⅛枚

作り方
1 **D**は電子レンジで30秒加熱する。
2 食パンはひとさじ分すりおろし、**D**に加えてよく混ぜる。

カレイのミルクパンがゆ

材料
C カレイ…1回分
食パン（8枚切り・耳を除く）…⅛枚
育児用ミルクまたは牛乳…大さじ2

作り方
1 食パンはすりおろし、育児用ミルクを加え電子レンジで20秒加熱する。
2 **C**は電子レンジで30秒加熱し、**1**と合わせる。

小松菜・さつまいもペースト

材料
D 小松菜…1回分
G さつまいも…1回分

作り方
1 **D**・**G**は電子レンジで30秒加熱する。
2 **D**と**G**を合わせる。

アレンジ週①

卵がゆ

Bを卵黄1回分に替えて作る。

キャベツ・パンのトロトロ

Dをキャベツ1回分に替えて作る。

タイのミルクパンがゆ

Cをタイ1回分に替えて作る。

キャベツ・里いもペースト

Dをキャベツ1回分、**G**を里いも1回分に替えて作る。

アレンジ週②

豆腐がゆ

Bを豆腐1回分に替えて作る。

白菜・パンのトロトロ

Dを白菜1回分に替えて作る。

ヒラメのミルクパンがゆ

Cをヒラメ1回分に替えて作る。

白菜・とうもろこしペースト

Dを白菜1回分、**G**をとうもろこし1回分に替えて作る。

Q あまり食べていなくても
月齢に合わせて離乳食を
切り替えたほうがいいですか?

A 急に切り替えるのは
やめましょう

離乳食のおかゆのやわらかさや野菜の形状
は、月齢に合わせて突然切り替えるのでは
なく、赤ちゃんの食べ方を見ながら少しず
つ移行しましょう。まずは、うまく飲み込
めるようになったら次のステップへ進みま
す。赤ちゃんのペースに合った移行が大切
です。

Q たくさん食べてくれるのですが
太ってしまわないか心配です

A 発育曲線から大きく外れて
いなければ大丈夫

赤ちゃんが肥満になることはあまりありま
せんが、母子健康手帳に記載されている「乳
児身体発育曲線」を参考にして、そこから
大きく外れていなければ問題はありません。
心配なときは、医師や保健師、助産師、栄
養士などに相談してみてもよいでしょう。

Q 離乳食を始めてから
うんちのにおいや色などが
変わったのですが大丈夫ですか?

A 食べ物が変わると
うんちも変わります

これまで母乳やミルクしか飲んでいなかっ
た赤ちゃんが、離乳食を食べることで腸の
働きも変化し、うんちににおいが出たり、
かたくなったり、色が変わったりします。
消化器官が未発達なため、消化されなかっ
た食べ物が加わることで、うんちの色やに
おい、かたさが変わります。心配はいりま
せん。もし便秘や下痢になってしまったら、
医師に相談してみましょう。

Q 離乳食の時間は
いつも同じでなくても
いいですか?

A なるべく同じタイミングで与えて
生活のリズムを整えましょう

離乳食は、最終的に1日3食を規則正し
く食べる生活リズムを整えるために行うも
のでもあるので、なるべく同じ時間帯にそ
ろえられるほうがよいでしょう。何らかの
事情で難しいときは、たまになら時間帯が
ずれても問題ありません。

Q 離乳食の温度はどうやって
調整しますか?

A 人肌くらいの温かさが
目安です

離乳食の適切な温度は、人肌くらいと考え
ましょう。心配だったら、自分の腕の内側
などにのせてみて確かめるのもよいでしょ
う。冷たくなっていたり、熱すぎたりする
と赤ちゃんも嫌がりますから、フリージン
グした食材を解凍するときは温度調節にも
気を配りましょう。

Q 離乳食スタートに合わせて
赤ちゃん用の椅子を
用意したほうがいいですか?

A おすわりができないうちは
まだ椅子にすわらせないで

まだおすわりができていないうちに椅子を
使うと、赤ちゃんの姿勢に悪影響すること
があります。一人でおすわりができるよう
になってから用意しましょう。また、ベビ
ーチェアは足の裏が足置きや床について安
定した姿勢がとれるものを選びましょう。

このころの赤ちゃんの様子と食材量の目安

だんだん赤ちゃんの口がもぐもぐと動き始め、食べ物をつぶせるようになります。赤ちゃんの様子を見ながら、食材の形状ややわらかさを調節しましょう。

食べられる食材

おかゆはだんだん5倍がゆに移行し、麺類は通常より長めにゆでてやわらかくしたものを切ってから与えます。肉は鶏ささみから始めましょう。また野菜は味や香りにくせが少ないものから種類を増やしていきましょう。

食材のやわらかさ

じっくり煮て、弱い力でかんたんに押しつぶせる程度のやわらかさにします。やわらかさも大事ですが、まだ舌でつぶす力が弱いので、とろみをつけて飲み込みやすく工夫することも重要です。

発音の目安

「た」「と」「ど」などの発音がでてくるようになると、離乳食中期の食材を押しつぶす口の動きができる目安になります。

授乳と離乳食の1日のスケジュール例

6：00	授乳
10：00	離乳食　→ 授乳
14：00	離乳食　→ 授乳
17：00	授乳
21：00	授乳

午前と午後それぞれ1回ずつの授乳で離乳食を与えます。食後は欲しがるだけ母乳・ミルクをあげましょう。

離乳食中期のアドバイス

中期はていねいに進めて

食べられる食材が増え、レシピの彩りは増えてきますが、舌でつぶせないかたさの食べ物を無理に与えると、「噛まない」・「丸飲み」の原因になります。赤ちゃんがモグモグして食べ物を舌でつぶせているか確認しながら進めていきましょう。

舌に食べ物をのせる位置も大切

食べ物を舌でつぶせないときに、赤ちゃんが丸飲みせず、口から「ベー」と押し出せるように、舌の真ん中より手前（前舌〜中前舌）にのせてあげましょう。口から押し出すことが多いときは、やわらかくして、ひと口の量を減らします。

1回分の食材量の目安

タンパク質　　　　　　　　炭水化物

ビタミン

炭水化物
ゆでたうどんの場合：35〜55g
5倍がゆの場合：50〜80g

ビタミン
にんじんの場合：20〜30g
ほうれん草の場合：20〜30g

タンパク質
白身魚の場合：10〜15g
鶏ひき肉の場合：10〜15g
卵の場合：1/3個
絹ごし豆腐の場合：30〜40g

※食材ごとに、1回分の目安量を記載しています。これらすべての食材を1回の食事に使うという目安ではありません。

離乳食の食べさせ方

おすわりができたら
椅子にすわらせて食べさせる

まだおすわりができないうちは、初期と同様に抱っこして食べさせます。一人で安定したおすわりができるようになったら、赤ちゃんの足の裏が足置きや床にぴたっとつく椅子（ベビーチェア）を用意しましょう。あごを引き、机に手をついて安定した姿勢がとれる状態が理想です。足がついてしっかり力めることで、食事に集中しやすくなります。

フリージング
ローテーション食材

離乳食中期に入ったら、お肉にも挑戦してみましょう。
飲み込みやすいように、食材にとろみをつけるのが大切な時期です。

基本の週

A 5倍がゆ　　　　　10回分

作り方
5倍がゆ（→p.17）500〜800g
を製氷皿に10等分して入れる。

B そうめん＋だし汁　　4回分

作り方
1 そうめん40gをパッケージ
の表示時間の倍以上かけて
やわらかくゆで、流水でよ
くすすぐ。
2 2〜5mm幅に切り、製氷皿に4
等分して入れ、だし汁（→p.19）
を大さじ2ずつ注ぎ入れる。

C 鶏ささみ　　　　　5回分

作り方
1 鶏ささみ50gを1分ほどゆで、
火を止めてそのまま3分おく。
2 5等分に切り、冷凍用保存
袋に入れる。
※凍ったまますりおろして使用しま
す。

D ゆで卵　　　　　　5回分

作り方
1 卵2個を水からゆでる。沸騰
したら弱火〜中火にして12
分程度ゆで、固ゆで卵にす
る。
2 1を1.5個分取り分け、冷凍
用保存袋に入れて指で押し
つぶしてから、5等分にする。

E 里いもマッシュ　　4回分

作り方
1 皮をむいた里いも40gを1cm
幅に切り、手でつぶせるく
らいまでやわらかくゆでる
（ゆで汁は残しておく）。
2 1に少量のゆで汁を加えな
がら、マッシャーやブレン
ダーですりつぶし、製氷皿
に4等分して入れる。

F 刻みブロッコリー　　7回分

作り方
1 ブロッコリーの先端70gを
やわらかくゆでる（ゆで汁
は残しておく）。
2 製氷皿に7等分して入れ、少
量のゆで汁を注ぎ入れる。

G アスパラキャベツ　　7回分

作り方
1 キャベツの葉先40g・グリ
ーンアスパラガスの穂先
30gをみじん切りにする。
2 小鍋に1とひたひたの水を
入れ、ふたをしてやわらか
くゆでる（ゆで汁は残して
おく）。
3 製氷皿に7等分して入れ、少
量のゆで汁を注ぎ入れる。

※製氷皿に入れた場合、凍ってから冷凍用保存袋に移します。
※ **B** は麺がだし汁を吸いきらないように、粗熱が取れたらすぐに
冷凍庫に入れましょう。

アレンジ週 ①

A 5倍がゆ
10回分

作り方
基本の週A（→p.48）と同様に用意する。

B うどん＋だし汁
4回分

作り方
1 うどん（乾麺）40gをパッケージの表示時間の倍以上かけてやわらかくゆで、流水でよくすすぐ。
2 2〜5mm幅に切り、製氷皿に4等分して入れ、だし汁（→p.19）を大さじ2ずつ注ぎ入れる。

C メカジキ
5回分

作り方
1 小鍋にだし昆布3cm四方と高さ2cm程度の水を入れて30分おき、火にかける。
2 沸騰したらメカジキの切り身60gを入れ、火を通す（ゆで汁は残しておく）。
3 皮と骨を除きメカジキを細かくほぐす。
4 製氷皿に5等分して入れ、ゆで汁をいっぱいまで注ぎ入れる。

D タラ
5回分

作り方
1 小鍋にだし昆布3cm四方と高さ2cm程度の水を入れて30分おき、火にかける。

2 沸騰したら生タラの切り身75gを入れ、火を通す（ゆで汁は残しておく）。
3 皮と骨を除きタラを細かくほぐす。
4 製氷皿に5等分して入れ、ゆで汁をいっぱいまで注ぎ入れる。

E 大根おろし
4回分

作り方
1 皮をむいた大根50gをすりおろし、弱火にかける。
2 火が通り、とろとろしてきたら製氷皿に4等分して入れる。

F 刻みオクラ
7回分

作り方
1 ガクと種を除いたオクラ90gはみじん切りにする。
2 小鍋に1とひたひたの水を入れ、ふたをしてやわらかくゆでる（ゆで汁は残しておく）。
3 製氷皿に7等分して入れ、少量のゆで汁を注ぎ入れる。

G パプリカ
7回分

作り方
1 ヘタと種と皮を除き、ピーラーで皮をむいたパプリカ70gをみじん切りにする。
2 小鍋に1とひたひたの水を入れ、ふたをしてやわらかくゆでる（ゆで汁は残しておく）。
3 製氷皿に7等分して入れ、少量のゆで汁を注ぎ入れる。

※B は麺がだし汁を吸いきらないように、粗熱が取れたらすぐに冷凍庫に入れましょう。

アレンジ週 ②

A 5倍がゆ
10回分

作り方
基本の週A（→p.48）と同様に用意する。

B そうめん＋野菜スープ
4回分

作り方
1 鍋に水150ml・キャベツ・にんじん・玉ねぎ（皮は除く）をそれぞれ適量入れ、30分ほど煮て、こす。
2 そうめん40gをパッケージの表示時間の倍以上かけてやわらかくゆで、流水でよくすすぐ。
3 2を2〜5mm幅に切り、製氷皿に4等分して入れ、1のスープのみを大さじ2ずつ注ぎ入れる。

C サケ
5回分

作り方
1 小鍋にだし昆布3cm四方と高さ2cm程度の水を入れて30分おき、火にかける。
2 沸騰したら生サケの切り身75gを入れ、火を通す（ゆで汁は残しておく）。
3 皮と骨を除きサケを細かくほぐす。
4 製氷皿に5等分して入れ、ゆで汁をいっぱいまで注ぎ入れる。

D カツオ
5回分

作り方
1 小鍋にだし昆布3cm四方と高さ2cm程度の水を入れて

30分おき、火にかける。
2 沸騰したらカツオの刺身75gを入れ、火を通す（ゆで汁は残しておく）。
3 血合いを除きカツオを細かくほぐす。
4 製氷皿に5等分して入れ、ゆで汁をいっぱいまで注ぎ入れる。

E かぶおろし
4回分

作り方
1 皮を厚くむいたかぶ50gをすりおろし、弱火にかける。
2 火が通り、とろとろしてきたら製氷皿に4等分して入れる。

F 刻みなす
7回分

作り方
1 ガクと皮を除いたなす70gをみじん切りにする。
2 小鍋に1とひたひたの水を入れ、ふたをしてやわらかくゆでる。
3 製氷皿に7等分して入れ、少量の白湯を注ぎ入れる。

G いんげん
7回分

作り方
1 筋を除いたさやいんげん70gをみじん切りにする。
2 小鍋に1とひたひたの水を入れ、ふたをしてやわらかくゆでる（ゆで汁は残しておく）。
3 製氷皿に7等分して入れ、少量のゆで汁を注ぎ入れる。

※B は麺が野菜スープを吸いきらないように、粗熱が取れたらすぐに冷凍庫に入れましょう。

中期

基本の週

ブロッコリーとささみのにゅうめん

材料
B そうめん＋だし汁
　…1回分
C 鶏ささみ…1回分
F 刻みブロッコリー…1回分

作り方
1 B は電子レンジで1分30秒、C はひとさじ程度すりおろして5秒、F は30秒加熱する。
2 B と F を混ぜ、C をかける。

アレンジ週 ①

オクラとメカジキのうどん

B をうどん＋だし汁1回分、C をメカジキ1回分、F を刻みオクラ1回分に替えて作る。

※ C はすりおろさず、電子レンジで30秒加熱し、ひとさじ分使用します。

アレンジ週 ②

なすとサケのにゅうめん（野菜風味）

B をそうめん＋野菜スープ1回分、C をサケ1回分、F を刻みなす1回分に替えて作る。

※ C はすりおろさず、電子レンジで30秒加熱し、ひとさじ分使用します。

中期

基本の週

ねばねばブロッコリーがゆ

材料
A 5倍がゆ…1回分
F 刻みブロッコリー…1回分
ひきわり納豆…小さじ2

作り方
1 **A**に**F**をのせ、電子レンジで2分加熱する。
2 ひきわり納豆をのせる。

アレンジ週 **1**

ねばねばオクラがゆ

Fを刻みオクラ1回分に替えて作る。

アレンジ週 **2**

ねばねばなすがゆ

Fを刻みなす1回分に替えて作る。

火 ：午前

基本の週

納豆がゆ

材料
A 5倍がゆ…1回分
ひきわり納豆
…小さじ2

作り方
1 Aは電子レンジで1分30秒
加熱する。
2 ひきわり納豆をのせる。

アスパラキャベツの和風ポテサラ

材料
E 里いもマッシュ
…1回分
G アスパラキャベツ
…1回分

作り方
1 E・Gは電子レンジで30
秒ずつ加熱する。
2 Eに Gをひとさじ分のせ
る。

アレンジ週 ❶

納豆がゆ

大根おろしとパプリカ

E を大根おろし1回分、Gを
パプリカ1回分に替えて作る。

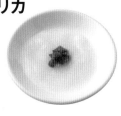

アレンジ週 ❷

納豆がゆ

かぶおろしといんげん

E をかぶおろし1回分、Gを
いんげん1回分に替えて作る。

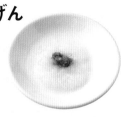

アスパラキャベツおかかがゆ

材料
A 5倍がゆ…1回分
G アスパラキャベツ
　…1回分
カツオ節…少々

作り方
1 AにGをのせ、電子レンジで2分加熱する。
2 カツオ節をふる。

ブロッコリーささみサラダ

材料
C 鶏ささみ…1回分
F 刻みブロッコリー
　…1回分

作り方
FにCをすりおろしてかけ、電子レンジで40秒加熱する。

※赤ちゃんが飲み込みにくそうにしている場合は、少量のプレーンヨーグルトを混ぜてとろみをつけましょう。

パプリカおかかがゆ

Gをパプリカ1回分に替えて作る。

オクラメカジキサラダ

Cをメカジキ1回分、Fを刻みオクラ1回分に替えて作る。

※Cはすりおろさず、電子レンジで30秒加熱します。

※赤ちゃんが飲み込みにくそうにしている場合は、少量のプレーンヨーグルトを混ぜてとろみをつけましょう。

いんげんおかかがゆ

Gをいんげん1回分に替えて作る。

なすとサケサラダ

Cをサケ1回分、Fを刻みなす1回分に替えて作る。

※Cはすりおろさず、電子レンジで30秒加熱します。

※赤ちゃんが飲み込みにくそうにしている場合は、少量のプレーンヨーグルトを混ぜてとろみをつけましょう。

水 ：午前

基本の週

卵がゆ

材料
A 5倍がゆ…1回分
D ゆで卵…1回分

作り方
1 A は電子レンジで1分30
秒、D は30秒加熱する。
2 A に D をひとさじ分程度
のせる。

刻みブロッコリー

材料
F 刻みブロッコリー
…1回分

作り方
F は電子レンジで30秒加熱
する。

※赤ちゃんが飲み込みにくそうに
している場合は、少量のプレーン
ヨーグルトを混ぜるか、おかゆに
混ぜて与えましょう。

アレンジ週 1

タラがゆ

D をタラ1回分に替えて作る。

刻みオクラ

F を刻みオクラ1回分に替えて作る。

※赤ちゃんが飲み込みにくそうにしている
場合は、少量のプレーンヨーグルトを混ぜ
るか、おかゆに混ぜて与えましょう。

アレンジ週 2

カツオがゆ

D をカツオ1回分に替えて作る。

刻みなす

F を刻みなす1回分に替えて作る。

※赤ちゃんが飲み込みにくそうにしてい
る場合は、少量のプレーンヨーグルトを
混ぜるか、おかゆに混ぜて与えましょう。

基本の週

青のりがゆ

材料
A 5倍がゆ…1回分
青のり…少々

作り方
1 Aは電子レンジで1分30秒加熱する。
2 青のりをふる。

卵と里いものだし煮

材料
D ゆで卵…1回分
E 里いもマッシュ
　…1回分
だし汁（→p.19）
　…小さじ1〜適量

作り方
1 Eは電子レンジで30秒加熱し、だし汁を加えてのばす。
2 Dは電子レンジで20秒加熱し、半量を1にのせる。

アレンジ週 ❶

青のりがゆ

大根おろしと
タラのだし煮

Eを大根おろし1回分、Dをタラ1回分に替えて作る。

アレンジ週 ❷

青のりがゆ

かぶおろしと
カツオのだし煮

Eをかぶおろし1回分、Dをカツオ1回分に替えて作る。

基本の週

アスパラキャベツのにゅうめん

材料
B そうめん＋だし汁
　…1回分
G アスパラキャベツ
　…1回分

作り方
BにGをのせ、電子レンジで
2分加熱し、混ぜる。

卵と里いものマッシュ

材料
D ゆで卵…1回分
E 里いもマッシュ
　…1回分

作り方
Dは電子レンジで20秒、Eは30秒加熱する。

アレンジ週 ❶

パプリカのうどん

Bをうどん＋だし汁1回分、
Gをパプリカ1回分に替えて
作る。

大根おろしとタラ

Eを大根おろし1回分、Dを
タラ1回分に替えて作る。

アレンジ週 ❷

いんげんのにゅうめん（野菜風味）

Bをそうめん＋野菜スープ1
回分、Gをいんげん1回分に
替えて作る。

かぶおろしとカツオ

Eをかぶおろし1回分、Dを
カツオ1回分に替えて作る。

基本の週

納豆にゅうめん

材料
B そうめん＋だし汁
…1回分
ひきわり納豆…小さじ2

作り方
1 B は電子レンジで1分30
秒加熱する。
2 ひきわり納豆をのせる。

刻みブロッコリー

材料
F 刻みブロッコリー
…1回分

作り方
F は電子レンジで30秒加熱
する。

※赤ちゃんが飲み込みにくそうに
している場合は、にゅうめんに混ぜ
て与えましょう。

カットみかん

材料
みかん…¼個

作り方
みかんは皮と薄皮をむいて一
口サイズに切る。

アレンジ週 ❶

納豆うどん

B をうどん＋だし汁1回分に替
えて作る。

刻みオクラ

F を刻みオクラ1回分に替えて作る。

カットみかん

※赤ちゃんが飲み込み
にくそうにしている場
合は、うどんに混ぜて
与えましょう。

アレンジ週 ❷

納豆にゅうめん（野菜風味）

B をそうめん＋野菜スープ1
回分に替えて作る。

刻みなす

F を刻みなす1回分に替えて作る。

カットみかん

※赤ちゃんが飲み込み
にくそうにしている場
合は、にゅうめんに混
ぜて与えましょう。

基本の週

卵がゆ

材料
A 5倍がゆ…1回分
D ゆで卵…1回分

作り方
1 A は電子レンジで1分30秒、D は30秒加熱する。
2 A に D をのせる。

里いもとブロッコリー

材料
E 里いもマッシュ …1回分
F 刻みブロッコリー …1回分

作り方
E に F をのせて電子レンジで40秒加熱し、混ぜる。

アレンジ週 ❶

タラがゆ

D をタラ1回分に替えて作る。

大根おろしとオクラ

E を大根おろし1回分、F を刻みオクラ1回分に替えて作る。

アレンジ週 ❷

カツオがゆ

D をカツオ1回分に替えて作る。

かぶおろしとなす

E をかぶおろし1回分、F を刻みなす1回分に替えて作る。

中期

基本の週

おかかがゆ

材料
A 5倍がゆ…1回分
カツオ節…少々

作り方
1 Aは電子レンジで1分30秒加熱する。
2 カツオ節をふる。

ささみとアスパラキャベツ

材料
C 鶏ささみ…1回分
G アスパラキャベツ…2回分

作り方
GにCをすりおろしてのせ、電子レンジで1分加熱する。

※赤ちゃんが飲み込みにくそうにしている場合は、おかかがゆに混ぜるか、少量のプレーンヨーグルトを混ぜてとろみをつけましょう。

アレンジ週 ❶

おかかがゆ

メカジキとパプリカ

Cをメカジキ1回分、Gをパプリカ2回分に替えて作る。

※Cはすりおろさず、電子レンジで30秒加熱します。

※赤ちゃんが飲み込みにくそうにしている場合は、おかかがゆに混ぜるか、少量のプレーンヨーグルトを混ぜてとろみをつけましょう。

アレンジ週 ❷

おかかがゆ

サケといんげん

Cをサケ1回分、Gをいんげん2回分に替えて作る。

※Cはすりおろさず、電子レンジで30秒加熱します。

※赤ちゃんが飲み込みにくそうにしている場合は、おかかがゆに混ぜるか、少量のプレーンヨーグルトを混ぜてとろみをつけましょう。

土 ：午前

基本の週

きゅうりとささみのサラダそうめん

材料
- **B** そうめん＋だし汁
  …1回分
- **C** 鶏ささみ…1回分
- きゅうり…20 g

作り方
1. **B** は電子レンジで1分30秒、**C** はすりおろして10秒加熱する。
2. 皮をむいたきゅうりを細かく刻み、**B** と混ぜ、**C** をのせる。

アレンジ週 ①

きゅうりとメカジキのサラダうどん

B をうどん＋だし汁1回分、**C** をメカジキ1回分に替えて作る。

※ **C** はすりおろさず、電子レンジで30秒加熱します。

アレンジ週 ②

きゅうりとサケのサラダそうめん
（野菜風味）

B をそうめん＋野菜スープ1回分、**C** をサケ1回分に替えて作る。

※ **C** はすりおろさず、電子レンジで30秒加熱します。

基本の週

青のりがゆ

材料
A 5倍がゆ…1回分
青のり…少々

作り方
1 **A**は電子レンジで1分30秒加熱する。
2 青のりをふる。

卵とアスパラキャベツ

材料
D ゆで卵…1回分
G アスパラキャベツ…1回分

作り方
Dと**G**を合わせ、電子レンジで40秒加熱し、混ぜる。

※赤ちゃんが飲み込みにくそうにしている場合は、青のりがゆに混ぜるか、少量のプレーンヨーグルトを混ぜてとろみをつけましょう。

アレンジ週 ❶

青のりがゆ

タラとパプリカ

Dをタラ1回分、**G**をパプリカ1回分に替えて作る。

※赤ちゃんが飲み込みにくそうにしている場合は、青のりがゆに混ぜるか、少量のプレーンヨーグルトを混ぜてとろみをつけましょう。

アレンジ週 ❷

青のりがゆ

カツオといんげん

Dをカツオ1回分、**G**をいんげん1回分に替えて作る。

※赤ちゃんが飲み込みにくそうにしている場合は、青のりがゆに混ぜるか、少量のプレーンヨーグルトを混ぜてとろみをつけましょう。

日 ： 午前

基本の週

ブロッコリーと納豆のおかゆ

材料
- **A** 5倍がゆ…1回分
- **F** 刻みブロッコリー
  …1回分
- ひきわり納豆…小さじ2

作り方
1 **A**と**F**を合わせ、電子レンジで2分加熱し、混ぜる。
2 ひきわり納豆をのせる。

カットメロン

材料
メロン…10g

作り方
皮をむき、種を除いたメロンを刻む。

アレンジ週 ❶

オクラと納豆のおかゆ

Fを刻みオクラ1回分に替えて作る。

カットメロン

アレンジ週 ❷

なすと納豆のおかゆ

Fを刻みなす1回分に替えて作る。

カットメロン

中期

ささみとアスパラキャベツのトマトがゆ

材料
A 5倍がゆ…1回分
C 鶏ささみ…1回分
G アスパラキャベツ
　…1回分
トマト…10g

作り方
1 A・Gは電子レンジで2分、Cはすりおろして10秒加熱する。
2 トマトの皮をむいて刻み、A・Gと混ぜ、Cをのせる。

アレンジ週 1

メカジキとパプリカのトマトがゆ

Cをメカジキ1回分、Gをパプリカ1回分に替えて作る。

※Cはすりおろさず、電子レンジで30秒加熱します。

アレンジ週 2

サケといんげんのトマトがゆ

Cをサケ1回分、Gをいんげん1回分に替えて作る。

※Cはすりおろさず、電子レンジで30秒加熱します。

Q 赤ちゃんの体重の変化に
合わせて食事の量を
管理したほうよいですか?

A 細かい数値に縛られすぎず
赤ちゃんの様子に合わせましょう

その日の赤ちゃんの体重に対して、主食は
何g、炭水化物は何g……などと、データや
情報に縛られすぎないで、肩の力を抜きま
しょう。体重によって絶対食べなければいけ
ない量が決まっているわけではないので、赤
ちゃんの様子に合わせて食べたがっている
量を与えればよいです。赤ちゃんの体重が
順調に増えていれば、細かく管理しすぎなく
てもいいでしょう。

Q 保育園で食べさせる
食材チェックリストにまだ
食べられない食材があるときは?

A 無理のない範囲で
家庭で食べさせてみましょう

保育園に入れるなどの理由で食べる必要が
ある食材は、少量含まれているベビーフード
を探して与えるか、大人の料理でその食材を
使うときに、味つけ前に少量取り分けて刻み、
水を加えてレンジで加熱してやわらかくし、
与えるとよいでしょう(その際は、はじめて
の食材が一度に複数にならないよう十分注
意しましょう)。

Q 口に入れた食べ物を
吐き出してしまい
食べてくれません

A かたさや味付け、食感やとろみを
調節してみましょう

赤ちゃんは大人より味覚が敏感です。食材
の微妙なかたさの違いや、味、食感、温度、
組み合わせ、その日の気分などで、食が進
まなくなることはよくあります。おかゆに混
ぜるなどしてとろみをつけると食べやすくな
るので試してみましょう。昨日まで食べてい
た食材を急に食べなくなることもあります。
一度であきらめずに、さまざまな方向から調
整して再度アプローチしましょう。

Q 野菜の食感が
苦手なようなのですが
どうしたらよいですか?

A ゆでた後に刻んで
あげてみましょう

本書では、衛生面を考慮して野菜は刻んで
から加熱するレシピを紹介していますが、に
んじんは刻んでからゆでるとつぶつぶが残り
やすく、その食感が嫌いな子が多いため、に
んじんのみ、ゆでてからさらにつぶす工程を
入れています。そのほかの野菜もゆでてから
刻んだ方がやわらかくなりやすいので、赤
ちゃんが食べにくそうにしている場合は、衛
生管理をしっかりすれば最後に刻んで与えて
も大丈夫です。

Q 外出先での離乳食は
どうしたらいいですか?

A なるべく普段と同じリズムで
あげましょう

外出先で離乳食を与える場合も、なるべく普
段通りの時間に与えましょう。ベビーフード
などに置き換えてあげる場合は、外出先では
じめて食べさせるとうまくいかないかもしれ
ないので、事前に家庭でベビーフードをあげ
てみて、慣れさせてからのほうがよいでしょ
う。

Q 自分が苦手な食べ物が多いので赤ちゃんは食べられるように離乳食で取り入れてもいいですか?

A 食べさせても OK ですが無理強いはしないで

自分が苦手な食べ物を食べられるようになってほしいというお母さん・お父さんはよくいますが、赤ちゃんは妊娠中のお母さんの食の好みにも影響を受けている場合があり、お母さんが食べ慣れていない食材を受け入れにくいこともあります。もちろん問題なく食べてくれる場合もあるので、少量ずつ試してみて、嫌がるようなら無理に与えることは避けておきましょう。

Q 卵のアレルギーが心配ですしばらく与えずに様子を見たほうがいいですか?

A 避けることはしないでごく少量から試してみて

卵はアレルギーが心配な食材のひとつです。しかし、そういった食材を離乳食で避けることは予防にはならないといわれています。しっかり火を通すことでアレルギーのリスクを減らせます。固ゆで卵の黄身をごく少量から始めて、徐々に量を増やしていきましょう。

Q よく食べる日もあれば食べない日もありムラがあります

A 赤ちゃんにもその日の気分がありますから気にしすぎないで

赤ちゃんの食ベムラが気になることも多いでしょうが、大人と同じように赤ちゃんもあまり食欲がないときもあります。声をかけても食べたくなさそうならば、無理はしなくて OK。授乳や次の食事でカバーしましょう。赤ちゃんが体調を崩している場合もあるので、その点だけ注意してください。

Q 離乳食を食べさせるペースがわかりません

A 赤ちゃんが飲み込んだかよく確認して次のひと口へ

離乳食を食べさせるときのペースは人それぞれですが、リズムよく次々にあげる必要はありません。口に入れて、ちゃんと噛んで飲み込んでいるかをチェックしてから次のひと口をあげるようにしましょう。舌に食べ物をのせる位置にも気をつけて(→p.46)、丸飲みしているようなら、「かみかみ、ごっくんしようね」などと声をかけながら行いましょう。

Q 赤ちゃんが食べ物を触ってしまうのですがやめさせたほうがいいですか?

A 食に興味を持っている証拠なのでやめさせないで

さし出されたスプーンや器の中身を触ろうとするのは、悪いことではありません。そのうち、手づかみ食べにも移行しやすいように、食べ物を手で触る動作は好きにさせてあげましょう。ただし、食べ物で遊ぶ動作を見せたら食事を片付けるようにしてください。

このころの赤ちゃんの様子と食材量の目安

歯ぐきで食べ物を噛むことができるようになるころです。1日3回食になり、食への興味が増し、手づかみして自分で食べる意欲も出てきます。

食べられる食材

噛んで唾液を出し、飲み込めるようになってくるため、パンなど汁気のない食べ物も食べられるようになります。野菜は手づかみ食べをしやすいスティック状にしてあげましょう。

食材のやわらかさ

指で押しつぶせる程度のやわらかさにします。麺類は通常より長めにゆでましょう。肉団子はかたくなりすぎないように木綿豆腐を混ぜてふんわりとさせます。

発音の目安

「が」「か」などの発音がでてくるようになると、離乳食後期の舌で食べ物を動かす口の動きができる目安になります。

授乳と離乳食の1日のスケジュール例

6：00	授乳
10：00	離乳食 → 授乳
14：00	離乳食 → 授乳
18：00	離乳食 → 授乳
21：00	授乳

朝、昼、夜の3回の授乳で離乳食を与えます。食後は欲しがるだけ母乳・ミルクをあげましょう。

離乳食後期のアドバイス

脳を刺激する手づかみ食べ

　赤ちゃんが離乳食に手をのばすなどの動きをし始めたら、手づかみ食べを始めましょう。手づかみ食べは、食材の触り心地や、ひと口の量などを赤ちゃんが実感し、脳に刺激を与えます。また、目と手と口の動きの連携や指使いも覚えていきます。

食事を食べる順を選択させても

　赤ちゃんの食への興味が高まってきたら、その日のおかずを赤ちゃんの前に並べて、「どれが食べたい？」などと赤ちゃんの意思を確認してみましょう。自分が選んだ食事から食べることで、食事の楽しさが増していきます。

1回分の食材量の目安

タンパク質

炭水化物

ビタミン

炭水化物
ゆでたうどんの場合：60〜90g
5倍がゆの場合：90g
軟飯の場合：80g

ビタミン
にんじんの場合：30〜40g
ほうれん草の場合：30〜40g

タンパク質
白身魚の場合：15g
鶏ひき肉の場合：15g
卵の場合：½個
絹ごし豆腐の場合：45g

※食材ごとに、1回分の目安量を記載しています。これらすべての食材を1回の食事に使うという目安ではありません。

後期

離乳食の食べさせ方

手づかみ食べの
準備もしておくと◎

ベビーチェアにすわらせ、赤ちゃんの足の裏が足置きや床にぴたっとついて、あごを引き、テーブルに手をついて安定した姿勢がとれる状態にします。手づかみ食べでテーブルや床が汚れやすいので、あらかじめシートを敷くなどしておくとよいでしょう。慣れてきていても、慌てて食べて丸飲みしないように、赤ちゃんの口の動きも引き続きしっかり観察しましょう。

後期
（9～11カ月）

フリージング
ローテーション食材

1日3回

複数の野菜をまとめて煮ることで、フリージング食材の準備の時短になります。
主食は量も回数も増えてくるので、冷凍せず当日用意してもOKです。

基本の週

A 軟飯 13回分

作り方
軟飯（→p.17）を80gずつ保存容器に入れる。

B うどん 4回分

作り方
1 うどん（乾麺）80gをパッケージの表示時間より長めにゆで、流水でよくすすぐ。
2 2～3cm長さに切り、製氷皿に4等分して入れる。

C お好み焼き 3回分

作り方
1 芯を除いたキャベツ10g・ヘタと皮と種を除いたピーマン5gをみじん切りにする。
2 1に溶き卵½個分・小麦粉45g・水大さじ1・カツオ節少々・塩少々を混ぜる。
3 フッ素樹脂加工のフライパンで2を3回に分けて片面2分程度ずつ焼く。

D 青のり炒り卵 4回分

作り方
1 卵2個・青のり小さじ½・牛乳大さじ2を混ぜる。
2 1を電子レンジで1分加熱し、すぐに泡立て器で混ぜて再び1分加熱する。
3 冷凍用保存袋に入れて4等分する。

E 旨味野菜① 7回分

作り方
1 芯を除いたキャベツ70g・皮をむいた玉ねぎ70gを粗みじん切りにする。皮をむいたにんじん70gは1cm幅のいちょう切りにする。
2 小鍋に1と水100mℓを入れ、ふたをしてやわらかく煮る。にんじんはマッシャーやフォークでつぶす。
3 皮と芽を除いたじゃがいも70gをすりおろして2に加え、じゃがいもにも火を通す。
4 製氷皿に7等分して入れる。

F にんじんいんげん 4回分

作り方
1 筋を除いたさやいんげん40gを粗みじん切りにする。皮をむいたにんじん40gは1cm幅のいちょう切りにする。
2 小鍋に1とひたひたの水を入れ、

ふたをしてやわらかくゆでる（ゆで汁は残しておく）。にんじんはマッシャーやフォークでつぶす。
3 製氷皿に4等分して入れ、少量のゆで汁を注ぎ入れる。

G ほうれん草トマト 4回分

作り方
1 ほうれん草の葉先40gをやわらかくゆで、冷水にとってよく絞る。
2 1と、皮と種を除いたトマト40gを1cm角に刻む。
3 製氷皿に4等分して入れる。

H 豆腐肉団子（鶏） 5回分

作り方
1 鶏ひき肉50g・木綿豆腐30g・卵½個・塩ひとつまみを合わせてこね、15等分して1cm大に丸める。
2 1をゆで、中心まで火を通す。
3 ラップで包み、冷凍用保存袋に入れる（1回分3個）。

I ツナ缶 6回分

作り方
1 ツナの水煮缶90gに熱湯を回しかけ、塩抜きする。
2 製氷皿に6等分して入れ、少量の水を注ぎ入れる。

アレンジ週 ①

A 軟飯　13回分

作り方
基本の週A(→p.68)と同様に用意する。

B スパゲッティ　4回分

作り方
1 スパゲッティ120gをパッケージ
の表示時間より長めにゆで、流水
でよくすすぐ。
2 2〜3cm長さに切り、製氷皿に4等
分して入れる。

C 長いものお焼き　3回分

作り方
1 皮をむいた長いも50gをすりおろ
す。コーン缶10gは刻む。
2 1に小麦粉20g・カツオ節少々・
塩ひとつまみを混ぜる。
3 フッ素樹脂加工のフライパンで2
を3回に分けて片面2分程度ずつ
焼く。

D 豆苗炒り卵　4回分

作り方
1 卵2個・豆苗の葉先15g・牛乳大

アレンジ週 ②

A 軟飯　13回分

作り方
基本の週A(→p.68)と同様に用意する。

B マカロニ　4回分

作り方
1 マカロニ120gをパッケージの表
示時間より長めにゆで、流水でよ
くすすぐ。
2 2〜3cm長さに切り、製氷皿に4等
分して入れる。

C ほうれん草パンケーキ　3回分

作り方
1 ほうれん草の葉先20gを熱湯でや
わらかくゆでる。
2 1と水少量を加えてすりつぶす。
3 2に溶き卵1個分・小麦粉45g・
牛乳50ml・砂糖小さじ½を混ぜる。
4 フッ素樹脂加工のフライパンで3
を3回に分けて片面2分程度ずつ
焼く。

D ニラ炒り卵　4回分

作り方
1 卵2個・粗みじん切りにしたニラ

さじ2を混ぜる。
2 1を電子レンジで1分加熱し、す
ぐに泡立て器で混ぜて再び1分加
熱する。
3 冷凍用保存袋に入れて4等分する。

E 旨味野菜②　7回分

作り方
1 芯を除いた大根70g・皮をむいた
玉ねぎ70gを粗みじん切りにする。
皮をむいたにんじん70gを1cm幅
のいちょう切りにする。
2 1と水100mlを中火にかけ、ふた
をしてやわらかく煮る。にんじん
はマッシャーやフォークでつぶす。
3 皮と芽を除いたじゃがいも70gを
すりおろして2に加え、じゃがい
もにも火を通す。
4 7等分して製氷皿に入れる。

F アスパラパプリカ　4回分

作り方
1 皮をむいたグリーンアスパラガス
30g・ヘタと種と皮を除いたパプ
リカ50gは粗みじん切りにする。
2 1とひたひたの水を入れ、ふたを
してやわらかくゆでる（ゆで汁は
残しておく）。

30g・牛乳大さじ2を混ぜる。
2 1を電子レンジで1分加熱し、す
ぐに泡立て器で混ぜて再び1分加
熱する。
3 冷凍用保存袋に入れて4等分する。

E 旨味野菜③　7回分

作り方
1 白菜の葉先70g・皮をむいた玉ね
ぎ70gを粗みじん切りにする。皮
をむいたにんじん70gは1cm幅の
いちょう切りにする。
2 小鍋に1と水100mlを入れ、ふた
をしてやわらかく煮る。にんじん
はマッシャーやフォークでつぶす。
3 皮と芽を除いたじゃがいも70gを
すりおろして2に加え、じゃがい
もにも火を通す。
4 7等分して製氷皿に入れる。

F にんじん里いも　4回分

作り方
1 にんじん40g・里いも40gは皮を
むき、1cm幅の半月切りにする。
2 小鍋に1とひたひたの水を入れ、
ふたをしてやわらかくゆで、マッ
シャーやフォークで粗くつぶす
（ゆで汁は残しておく）。
3 ゆで汁と一緒に製氷皿に4等分し
て入れる。

3 製氷皿に4等分して入れ、少量の
ゆで汁を注ぎ入れる。

G チンゲン菜なす　4回分

作り方
1 チンゲン菜の葉先20g・ヘタと皮
を除いたなす60gを粗みじん切り
にする。
2 小鍋に1とひたひたの水を入れ、
ふたをしてやわらかくゆでる（ゆ
で汁は残しておく）。
3 製氷皿に4等分して入れ、少量の
ゆで汁を注ぎ入れる。

H ほぐしささみ　5回分

作り方
1 鶏ささみ75gをゆで（ゆで汁は残
しておく）、筋を取って細かくほ
ぐす。
2 製氷皿に5等分して入れ、少量の
ゆで汁を注ぎ入れる。

I サバ缶　6回分

作り方
1 サバの水煮缶100gの骨と皮を除
き、熱湯を回しかけて塩抜きする。
2 製氷皿に6等分して入れ、少量の
水を注ぎ入れる。

G オクラかぶ　4回分

作り方
1 種を除き、ガクを除いたオクラ
40g・皮を厚くむいたかぶ50gを
みじん切りにする。
2 小鍋に1とひたひたの水を入れ、
ふたをしてやわらかくゆでる（ゆ
で汁は残しておく）。
3 製氷皿に4等分して入れ、少量の
ゆで汁を注ぎ入れる。

H 豆腐肉団子（豚）　5回分

作り方
1 豚ひき肉50g・木綿豆腐30g・卵
½個・塩ひとつまみを合わせてこ
ね、15等分して1cm大に丸める。
2 1をゆで、中心まで火を通す。
3 ラップで包み、冷凍用保存袋に入
れる（1回分3個）。

I サンマ缶　6回分

作り方
1 サンマの水煮缶100gの骨と皮を
除き、熱湯を回しかけて塩抜きす
る。
2 製氷皿に6等分して入れ、少量の
水を注ぎ入れる。

後期

基本の週

軟飯

材料
A 軟飯…1回分

作り方
A は電子レンジで1分30秒加熱する。

青のり炒り卵

材料
D 青のり炒り卵…1回分

作り方
D は電子レンジで40秒加熱する。

にんじんいんげん

材料
F にんじんいんげん…1回分

作り方
F は電子レンジで40秒加熱する。

アレンジ週 ❶

軟飯

豆苗炒り卵

D を豆苗炒り卵1回分に替えて作る。

アスパラパプリカ

F をアスパラパプリカ1回分に替えて作る。

アレンジ週 ❷

軟飯

ニラ炒り卵

D をニラ炒り卵1回分に替えて作る。

にんじん里いも

F をにんじん里いも1回分に替えて作る。

基本の週

軟飯

材料
A 軟飯…1回分

作り方
Aは電子レンジで1分30秒加熱する。

鶏団子と野菜の煮物

材料
E 旨味野菜①…1回分
H 豆腐肉団子（鶏）…1回分

作り方
EにHをのせ、電子レンジで1分20秒加熱する。

カットみかん

材料
みかん…10g

作り方
皮と薄皮をむいたみかんを食べやすい大きさに切る。

アレンジ週 ❶

軟飯

ほぐしささみと野菜の煮物

Eを旨味野菜②1回分、Hをほぐしささみ1回分に替えて作る。

カットみかん

アレンジ週 ❷

軟飯

肉団子と野菜の煮物

Eを旨味野菜③1回分、Hを豆腐肉団子（豚）1回分に替えて作る。

カットみかん

基本の週

ツナとほうれん草トマトのうどん

材料
- **B** うどん…1回分
- **G** ほうれん草トマト
　…1回分
- **I** ツナ缶…1回分

作り方
1 **B** は電子レンジで1分30秒、**G**・**I** は同時に50秒加熱する。
2 **B** と **G** を合わせ、**I** をのせる。

アレンジ週 ❶

サバとチンゲン菜なすのパスタ

B をスパゲッティ1回分、**G** をチンゲン菜なす1回分、**I** をサバ缶1回分に替えて作る。

アレンジ週 ❷

サンマとオクラかぶの
マカロニパスタ

B をマカロニ1回分、**G** をオクラかぶ1回分、**I** をサンマ缶1回分に替えて作る。

基本の週

お好み焼き

材料
🇨 お好み焼き…1回分
水…大さじ1

作り方
🇨 は冷凍のまま、1〜2cm角に切り、全体に水少量を回しかけ、電子レンジで1分加熱する。

刻みメロン

材料
メロン（果肉）…10g

作り方
メロンの果肉を食べやすい大きさに刻む。

アレンジ週 ❶

長いものお焼き

🇨 を長いものお焼き1回分に替えて作る。

刻みメロン

アレンジ週 ❷

ほうれん草パンケーキ

🇨 をほうれん草パンケーキ1回分に替えて作る。

刻みメロン

基本の週

軟飯

材料
A 軟飯…1回分

作り方
A は電子レンジで1分30秒加熱する。

にんじんいんげんのカラフル納豆

材料
F にんじんいんげん
　…1回分
ひきわり納豆
　…大さじ1強
醤油…少々

作り方
1 F は電子レンジで40秒加熱する。
2 ひきわり納豆、醤油少々を加えて混ぜる。

アレンジ週 ❶

軟飯

アスパラパプリカのカラフル納豆

F をアスパラパプリカ1回分に替えて作る。

アレンジ週 ❷

軟飯

にんじん里いものカラフル納豆

F をにんじん里いも1回分に替えて作る。

後期

基本の週

しらす軟飯

材料
A 軟飯…1回分
しらす干し…小さじ1

作り方
1 A は電子レンジで1分30秒加熱する。
2 しらす干しは熱湯をかけて塩抜きし、水気をきって1にのせる。

煮込み野菜の味噌和え

材料
E 旨味野菜①…1回分
味噌…小豆1粒分程度

作り方
1 E は電子レンジで1分加熱する。
2 味噌を加えて混ぜる。

アレンジ週 ❶

しらす軟飯

煮込み野菜の味噌和え（野菜アレンジ）

E を旨味野菜②1回分に替えて作る。

アレンジ週 ❷

しらす軟飯

煮込み野菜の味噌和え（野菜アレンジ）

E を旨味野菜③1回分に替えて作る。

基本の週

食パン

材料
食パン（8枚切り）…1枚

作り方
食パンは耳を除き、1cm
角に切る。

ツナのポトフ風

材料
E 旨味野菜①…1回分
I ツナ缶…1回分

作り方
E は電子レンジで1分、I は
30秒加熱し、合わせる。

アレンジ週 ❶

食パン

サバのポトフ風

E を旨味野菜②1回分に、I
をサバ缶1回分に替えて作る。

アレンジ週 ❷

食パン

サンマのポトフ風

E を旨味野菜③1回分に、I を
サンマ缶1回分に替えて作る。

後期

基本の週

青のり炒り卵うどん

材料
B うどん…1回分
D 青のり炒り卵
　…1回分

作り方
Bは電子レンジで1分30秒、
Dは40秒加熱し、合わせる。

にんじんいんげん

材料
F にんじんいんげん
　…1回分

作り方
Fは電子レンジで40秒加熱
する。

アレンジ週 ❶

豆苗炒り卵パスタ

Bをスパゲッティ1回分、D
を豆苗炒り卵1回分に替えて
作る。

アスパラパプリカ

Fをアスパラパプリカ1回分
に替えて作る。

アレンジ週 ❷

ニラ炒り卵マカロニパスタ

Bをマカロニ1回分、Dをニ
ラ炒り卵1回分に替えて作る。

にんじん里いも

Fをにんじん里いも1回分に
替えて作る。

77

水 ： 夜

基本の週

軟飯

材料
A 軟飯…1回分

作り方
Aは電子レンジで1分30秒
加熱する。

鶏団子とほうれん草トマト

材料
G ほうれん草トマト…1回分
H 豆腐肉団子（鶏）…1回分

作り方
1 G・Hは電子レンジで40
秒ずつ加熱する。
2 GにHをのせる。

アレンジ週 ①

軟飯

ほぐしささみと
チンゲン菜なす

Gをチンゲン菜なす1回分、
Hをほぐしささみ1回分に替
えて作る。

アレンジ週 ②

軟飯

肉団子とオクラかぶ

Gをオクラかぶ1回分、Hを
豆腐肉団子（豚）1回分に替
えて作る。

後期

基本の週

青のり炒り卵焼きうどん風

材料
B うどん…1回分
D 青のり炒り卵…1回分
だし醤油…少々

作り方
1 B は電子レンジで1分30秒、D は40秒加熱する。
2 B と D にだし醤油を加えて混ぜる。

バナナヨーグルト

材料
バナナ（果肉）
…薄切り1枚
プレーンヨーグルト
…大さじ2

作り方
バナナはいちょう切りにし、ヨーグルトにのせる。

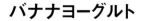

アレンジ週 ❶

豆苗炒り卵パスタ

B をスパゲッティ1回分に、D を豆苗炒り卵1回分に替えて作る。

バナナヨーグルト

アレンジ週 ❷

ニラ炒り卵マカロニパスタ

B をマカロニ1回分に、D をニラ炒り卵1回分に替えて作る。

バナナヨーグルト

木：昼

軟飯

材料
A 軟飯…1回分

作り方
A は電子レンジで1分30秒加熱する。

トマト風味の鶏団子と野菜の煮物

材料
E 旨味野菜①…1回分
H 豆腐肉団子（鶏）…1回分
トマトケチャップ…少々

作り方
1 E に H をのせ、電子レンジで1分20秒加熱する。
2 トマトケチャップで和える。

軟飯

トマト風味のほぐしささみと野菜の煮物

E を旨味野菜②1回分、H をほぐしささみ1回分に替えて作る。

軟飯

トマト風味の肉団子と野菜の煮物

E を旨味野菜③1回分、H を豆腐肉団子（豚）1回分に替えて作る。

後期

基本の週

軟飯

材料
A 軟飯…1回分

作り方
A は電子レンジで1分30
秒加熱する。

ツナのポトフ風

材料
E 旨味野菜①…1回分
I ツナ缶…1回分

作り方
E は電子レンジで1分、I は
30秒加熱し、合わせる。

アレンジ週 ❶

軟飯

サバのポトフ風

E を旨味野菜②1回分に、I
をサバ缶1回分に替えて作る。

アレンジ週 ❷

軟飯

サンマのポトフ風

H を旨味野菜③1回分に、I を
サンマ缶1回分に替えて作る。

基本の週

お好み焼き

材料
C お好み焼き…1回分
水…大さじ1

作り方
C は冷凍のまま、1〜2cm角
に切り、全体に水少量を回し
かけ、電子レンジで1分加熱
する。

刻みトマト

材料
トマト…⅙個

作り方
トマトは皮をむいて5mm〜1
cm角に切る。

アレンジ週 ❶

長いものお焼き

C を長いものお焼き1回分に
替えて作る。

刻みトマト

アレンジ週 ❷

ほうれん草パンケーキ

C をほうれん草パンケーキ1
回分に替えて作る。

刻みトマト

基本の週

おかか軟飯

材料
A 軟飯…1回分
カツオ節…少々

作り方
1 Aは電子レンジで1分30
秒加熱する。
2 カツオ節をふる。

青のり炒り卵と野菜の煮物

材料
D 青のり炒り卵…1回分
E 旨味野菜①…1回分

作り方
D は電子レンジで40秒、E
は1分加熱し、混ぜる。

アレンジ週 ①

おかか軟飯

豆苗炒り卵と野菜の煮物

Dを豆苗炒り卵1回分、E を
旨味野菜②1回分に替えて作
る。

アレンジ週 ②

おかか軟飯

ニラ炒り卵と野菜の煮物

Dをニラ炒り卵1回分、E を
旨味野菜③1回分に替えて作
る。

基本の週

ツナ軟飯

材料
A 軟飯…1回分
I ツナ缶…1回分

作り方
1 A は電子レンジで1分30秒、I は30秒加熱する。
2 A に I をのせる。

ほうれん草トマトのサラダ

材料
G ほうれん草トマト…1回分

作り方
G は電子レンジで40秒加熱する。

アレンジ週 ❶

サバ軟飯

I をサバ缶1回分に替えて作る。

チンゲン菜なすのサラダ

G をチンゲン菜なす1回分に替えて作る。

アレンジ週 ❷

サンマ軟飯

I をサンマ缶1回分に替えて作る。

オクラかぶのサラダ

G をオクラかぶ1回分に替えて作る。

後期

基本の週

納豆軟飯

材料
A 軟飯…1回分
ひきわり納豆
　…大さじ1強

作り方
1 A は電子レンジで1分30秒加熱する。
2 1にひきわり納豆をのせる。

にんじんいんげん

材料
F にんじんいんげん
　…1回分

作り方
F は電子レンジで40秒加熱する。

アレンジ週 ❶

納豆軟飯

アスパラパプリカ

F をアスパラパプリカ1回分に替えて作る。

アレンジ週 ❷

納豆軟飯

にんじん里いも

F をにんじん里いも1回分に替えて作る。

基本の週

ツナのサラダうどん風

材料
B　うどん…1回分
I　ツナ缶…1回分
きゅうり…20g
プレーンヨーグルト
　　…少々

作り方
1 B は電子レンジで1分30
　秒、I は30秒加熱する。
2 きゅうりは皮をむいて粗く
　刻み、B・I と合わせて
　ヨーグルトで和える。

アレンジ週 ❶

サバのサラダパスタ風

B をスパゲッティ1回分、
I をサバ缶1回分に替え
て作る。

アレンジ週 ❷

サンマのサラダマカロニパスタ風

B をマカロニ1回分、I を
サンマ缶1回分に替えて作
る。

後期

軟飯

材料
A 軟飯…1回分

作り方
Aは電子レンジで1分30秒
加熱する。

鶏団子とスティックきゅうり

材料
H 豆腐肉団子(鶏)…1回分
きゅうり…30g

作り方
1 **H**は電子レンジで40秒加
熱する。
2 きゅうりは皮を厚くむき、
細長く2cm長さに切り、熱
湯でさっとゆでて水気を
きる。

軟飯

ほぐしささみとスティックきゅうり

Hをほぐしささみ1回分に替
えて作る。

軟飯

肉団子とスティックきゅうり

Hを豆腐肉団子（豚）1回分
に替えて作る。

基本の週

お好み焼き

材料
C お好み焼き…1回分
　水…大さじ1

作り方
C は冷凍のまま、1〜2cm角
に切り、全体に水少量を回し
かけ、電子レンジで1分加熱
する。

ほうれん草トマトのイタリアン

材料
G ほうれん草トマト
　…1回分
粉チーズ…少々

作り方
1 G は電子レンジで40秒加
　熱する。
2 粉チーズを振りかける。

アレンジ週 ①

長いものお焼き

C を長いものお焼き1回分に
替えて作る。

チンゲン菜なすの
イタリアン

G をチンゲン菜なす1回
分に替えて作る。

アレンジ週 ②

ほうれん草パンケーキ

C をほうれん草パンケーキ
1回分に替えて作る。

オクラかぶのイタリアン

G をオクラかぶ1回分に替
えて作る。

後期

鶏そぼろ風軟飯

材料

A 軟飯…1回分
H 豆腐肉団子（鶏）
　　…1回分

作り方

1 Aは電子レンジで1分30
秒、**H**は40秒加熱する。
2 Hを箸で崩し、**A**にのせる。

野菜の煮物

材料

E 旨味野菜①…1回分

作り方

Eは電子レンジで1分加熱す
る。

ほぐしささみ軟飯

Hをほぐしささみ1回分
に替えて作る。

野菜の煮物 （野菜アレンジ）

Eを旨味野菜②1回分に
替えて作る。

豚そぼろ風軟飯

Hを豆腐肉団子（豚）1回
分に替えて作る。

野菜の煮物 （野菜アレンジ）

Eを旨味野菜③1回分に替
えて作る。

日 ： 夜

基本の週

青のり軟飯

材料
A 軟飯…1回分
青のり…少々

作り方
1 A は電子レンジで1分
30秒加熱する。
2 青のりをふる。

ツナのおろし煮風

材料
‖ ツナ缶…1回分
大根…30g

作り方
1 ‖ は電子レンジで30秒加熱する。
2 大根は皮をむき、おろして電子
レンジで1分加熱する。
3 2に1をのせる。

にんじんスティック

材料
にんじん…10g

作り方
にんじんは皮をむき、2cm長さのスティッ
ク状に切り、やわらかくゆでる。

アレンジ週 ❶

青のり軟飯

サバのおろし煮風

‖ をサバ缶1回分に替えて作る。

にんじんスティック

アレンジ週 ❷

青のり軟飯

サンマのおろし煮風

‖ をサンマ缶1回分に替えて作る。

にんじんスティック

 おやつ①

りんごヨーグルト

材料
りんご…10g
プレーンヨーグルト…20g

作り方
1 りんごは皮をむき、芯を除いてすりおろす。
2 プレーンヨーグルトに1をのせる。

後期

 おやつ②

にんじん寒天

材料
にんじん…60g
オレンジ…½個
粉寒天…1g
水…大さじ2

作り方
1 にんじんは皮をむき、すりおろす。オレンジは皮をよく洗い、厚い皮を切り落として小皿に盛り、フォークなどで押しつぶして果汁を絞る。
2 小鍋に1と水を入れて中火にかけ、沸騰したら弱火にして粉寒天を入れ、よく混ぜる。
3 2分ほど混ぜたら火からおろし、器に注ぐ。
4 粗熱が取れたら冷蔵庫で30分～1時間ほど冷やし、固まったら1cm角に切る。

Q 赤ちゃんの好みに合わせているとメニューが偏ります

A 好きなものとの組み合わせを増やしましょう

赤ちゃんがよく食べてくれるメニューは、何度も出してしまいがちですが、献立が偏りすぎるのはよくありません。食材の一部を変更したり、味付けを変えたり、好きなものと別のものを組み合わせることでバリエーションを増やしていきましょう。

Q ひと口も食べないときは食べるまであげ続けたほうがいいでしょうか?

A 拒否をしているときはしつこく食べさせないで

赤ちゃんが顔を背けたり、手で振り払ったりして拒否するしぐさをしているときは、食べさせなくてもよいでしょう。機嫌が悪いときは無理をせず、時間をおいてから落ち着いたタイミングであげるようにしましょう。いつもよりあまりに機嫌が悪いときは、体調に変化がないか確認しましょう。

Q 上の子のときにはできたことがなかなかできません

A ほかの子と比べないでできるようになったことを喜んで

兄弟やほかの赤ちゃんと比べてできないことを気にする人も多いですが、そんな必要はありません。赤ちゃんの以前の様子と比べて、前よりできるようになったことを喜び、ポジティブに離乳食を進めることが大切です。今はできないことも、いつかはきっとできるようになるはずです。

Q 赤ちゃんが離乳食をひっくり返して遊んでしまいます

A 落ち着いて遊びではないことを認識させましょう

赤ちゃんの集中力は短いので、飽きてきたりすると、食器をひっくり返したり、食べ物を投げたりして遊び始める子もいます。そのときに、怒ったり大げさに反応すると、赤ちゃんは遊びと誤認してしまうことがあります。ですから、落ち着いて、「ごちそうさまにする?」などと話しかけながら、静かに食事を下げましょう。そうすると、食事は遊びではなく、食べなければ終わってしまうということが赤ちゃんにもだんだんわかってきます。

Q ベビーフードの味を気に入ったようで手作りを食べなくなりました

A ベビーフードの味付けを手作りの参考にしてみて

ベビーフードは、とてもよく研究されて作られているので、味付けや歯ざわりなどが普段の食べ物と違っていて赤ちゃんの好みだったのかもしれません。後期には醤油や味噌、塩など少量の味付けができるようになりますから、手作りの食事の味付けのバリエーションを増やしてみましょう。また、ベビーフードをお母さんやお父さんも食べてみて、どんな味付けなのか研究してみるのもいいでしょう。

Q 手づかみ食べを始めましたが
うまく口に入って
いないようです

A 上手に食べるようになるまでは
練習が必要です

手づかみで食べる動作は、目と手と口の連携が必要な動作なので、練習を重ねることでだんだん上手になっていきます。はじめのうちは、口に入れやすい大きさの食事を出して赤ちゃんの様子を見ましょう。上手にできたときは、たくさんほめてあげることも大切です。

Q 手づかみ食べに慣れると
道具を使って食べられる
ようになるか不安です

A 手づかみ食べは道具を使う
前段階の練習でもあります

赤ちゃんが手づかみ食べをすることは、道具の使用の妨げにはならないので安心してください。赤ちゃんは、手づかみ食べで自分が食べるものの量やかたさなどを覚え、脳を刺激しています。この学びは道具を使うときにも役立ちます。まだ道具を使う前から、食卓には用意しておいて赤ちゃんに握らせたりする練習を行っておくのもよいですよ。

Q 手づかみ食べをさせるために
大人は食べさせないほうが
いいですか?

A 大人が食べさせるのも
並行して行ってください

まだ赤ちゃんの手づかみ食べだけで食べさせることは難しいかもしれません。赤ちゃんの前に食事を並べ、手をのばせば食べられる状態にしておくのは大事ですが、大人が食事をスプーンで口に運ぶこともあわせて行いましょう。

Q 赤ちゃんの顔や手の汚れは
その都度拭いたほうが
いいですか?

A 気になるかもしれませんが
食後にまとめてきれいにして

手づかみ食べによって、赤ちゃんの口の周りや手、洋服などがとても汚れますが、食事中に何度も拭き取るのは、赤ちゃんの集中力を妨げてしまうこともあります。気になる気持ちをぐっと抑えて、食事が終わってからまとめてきれいにするようにしましょう。赤ちゃんが手の汚れを気にしているようなら、さっと拭いてあげても OK です。

Q 大人の食事と
離乳食の用意が
負担になってきました

A 取り分けレシピも活用して
負担を減らしましょう

忙しいお母さん・お父さんには食事の用意が大変ですよね。大人の料理から取り分けて作る離乳食（→ p.124）などを活用して、なるべく負担を減らしましょう。手作りが難しいときは、大人の料理をデリバリーにしたり、赤ちゃんにはベビーフードを活用したりして、あまり無理しすぎないようにしましょう。

このころの赤ちゃんの様子と食材量の目安

上下の前歯が4本ずつ生えそろい、1歳6カ月頃には奥歯が生え始めます。
赤ちゃん自身の食への意思が強く表れるようになってきます。

食べられる食材

ご飯が食べられるようになり、中華麺もゆでてから使用すればOK。完了期とはいっても、まだまだ大人と同じものは食べられません。3歳くらいまでは、大きさ、かたさ、味の工夫が必要です。

食材のやわらかさ

奥歯が生えてくるまでは後期とほぼ同じやわらかさで、無理なく噛めるものを。奥歯が生えてきたら、肉団子くらいのかたさを目安にします。

発音の目安

「が」「か」などの発音をはっきりでき、意味のある言葉も発するようになります。言葉と物の意味が一致してくるので、食べさせながら料理の名前を教えてあげてもいいでしょう。

授乳と離乳食の1日のスケジュール例

9：30	離乳食
11：00	おやつ
13：00	離乳食
15：00	おやつ
18：00	離乳食

朝、昼、夜3回の離乳食と、1〜2回のおやつを与えます。赤ちゃんが欲しがれば食後に授乳を続けてもかまいませんが、卒乳を目指している場合は徐々に日中の授乳回数を減らし、夜だけにするなど少しずつ慣らしましょう。

離乳食完了期のアドバイス

食事から栄養の大半をとれる

このころには、必要な栄養分を離乳食とおやつだけで得ることができるようになってきます。おやつは、食事ではとりきれない栄養を補うものです。甘味の強いものやスナック菓子だけではなく、果物や乳製品も取り入れましょう。

形のある食べ物を噛みちぎれる

赤ちゃんの食べ方の変化として、前歯を使って食べ物を噛みちぎれるようになります。前歯でかじり取ることで、「ひと口の量」を覚えます。赤ちゃんが自分の口に合った適量を知ることが、咀嚼をするためにとても大切です。

1回分の食材量の目安

タンパク質

炭水化物

ビタミン

完
了
期

炭水化物
ゆでたうどんの場合：105〜130g
軟飯の場合：90g
ご飯の場合：80g

ビタミン
にんじんの場合：40〜50g
ほうれん草の場合：40〜50g

タンパク質
白身魚の場合：15〜20g
鶏ひき肉の場合：15〜20g
卵の場合：½〜⅔個
絹ごし豆腐の場合：50〜55g

※食材ごとに、1回分の目安量を記載しています。これらすべての食材を1回の食事に使うという目安ではありません。

離乳食の食べさせ方

手づかみ食べを続け
両親と食卓を囲んで食事も

高さが調節できるタイプのベビーチェアなら、食卓のテーブルに合わせて調整し、赤ちゃんがテーブルに肘をつけられるようにしましょう。引き続き、足の裏は足置きや床にぴったりついている状態にします。赤ちゃんの目の前に食事を並べ、好きなように手づかみ食べをさせてあげましょう。また、手づかみ食べをしながら、少しずつスプーンやフォークの使い方も学べるようにしましょう。

フリージング ローテーション食材

完了期には、手づかみ食べ用の食材も積極的に用意しましょう。
手でつかみやすい大きさや長さを意識して。

基本の週

A ご飯　15回分

作り方
ご飯を80gずつ保存容器に入れる。

B 野菜の旨煮①　6回分

作り方
1 芯を除いたキャベツ・皮を除いた玉ねぎ・皮を厚くむいたブロッコリーの芯・にんじん各60gを1cm角に切る。
2 小鍋に1とひたひたの水を入れ、ふたをしてやわらかく煮る（煮汁は残しておく）。
3 製氷皿に入れ、煮汁を注ぎ6等分して入れる。

C 野菜ときのこの煮物①　6回分

作り方
1 皮をむいた大根90g・にんじん60g・石づきを除いたしめじ30g・長ねぎ60gを1cm角に切る。
2 小鍋に1とひたひたの水を入れ、ふたをしてやわらかく煮る（煮汁は残しておく）。
3 製氷皿に6等分して入れ、煮汁を注ぎ入れる。

D 手づかみにんじん　3回分

作り方
1 皮をむいたにんじん60gを3cm幅のスティック状に切る。
2 1をやわらかくゆでる。
3 水気をきり、3等分してラップで包み、冷凍用保存袋に入れる。

E 手づかみブロッコリー　4回分

作り方
1 ブロッコリー80gを小房に分け、つかみやすい大きさに切る。
2 1をやわらかくゆでる。
3 水気をきり、4等分してラップで包み、冷凍用保存袋に入れる。

F ミートボール　6回分

作り方
1 合びき肉90g・卵½個・塩少々を合わせてこね、18等分して1cm大に丸める。
2 1をゆで、中心まで火を通す。
3 ラップで包み、冷凍用保存袋に入れる（1回分3個）。

G サバのピカタ　5回分

作り方
1 生サバの切り身100gの骨と皮を除き、5等分に切る。
2 1に小麦粉大さじ1をまぶし、溶き卵½個分にくぐらせる。
3 フッ素樹脂加工のフライパンで2の両面を焼く。
4 ラップで包み、冷凍用保存袋に入れる。

H サケフレーク　5回分

作り方
1 生サケの切り身100gに隙間をあけてラップをかけ、電子レンジで2分加熱する。
2 骨と皮を除き、ほぐす。
3 5等分してラップで包み、冷凍用保存袋に入れる。

アレンジ週 ①

A ご飯　15回分
作り方
基本の週A（→p.96）と同様に用意する。

B 野菜の旨煮②　6回分
作り方
1 ヘタと種と皮を除いたパプリカ・なす・ズッキーニ・玉ねぎ各60gを1cm角に切る。
2 小鍋に1とひたひたの水を入れ、ふたをしてやわらかく煮る（煮汁は残しておく）。
3 製氷皿に6等分して入れ、煮汁を注ぎ入れる。

C 野菜ときのこの煮物②　6回分
作り方
1 皮をむいたれんこん90g・にんじん60g・石づきを除いたえのきだけ30g・長ねぎ60gを1cm角に切る。
2 小鍋に1とひたひたの水を入れ、ふたをしてやわらかく煮る（煮汁は残しておく）。

3 製氷皿に6等分して入れ、煮汁を注ぎ入れる。

D 手づかみかぼちゃ　3回分
作り方
1 皮をむき、種とわたを除いたかぼちゃ60gを3cm幅のスティック状に切る。
2 1をやわらかくゆでる（崩れやすいため加熱しすぎないようにする）。
3 水気をきり、3等分してラップで包み、冷凍用保存袋に入れる。

E 手づかみアスパラ大根　4回分
作り方
1 皮をむいた大根60gを3cm長さのスティック状に切る。グリーンアスパラガスの穂先から3cmを20g切る。
2 小鍋に大根とひたひたの水を入れ、やわらかくゆでたら、グリーンアスパラガスも加えて火を通す。
3 水気をきり、4等分してラップで包み、冷凍用保存袋に入れる。

F 豚肉団子　6回分
作り方
1 豚ひき肉90g・卵½個・塩少々を合

わせてこね、18等分して1cm大に丸める。
2 1をゆで、中心まで火を通す。
3 ラップで包み、冷凍用保存袋に入れる（1回分3個）。

G ブリのムニエル　5回分
作り方
1 ブリの切り身100gの骨と皮と血合いを除き、繊維を断つ方向にそぎ切りして5等分にする。
2 1に小麦粉大さじ1をまぶす。
3 フライパンにバター大さじ1をひき、2の両面を焼く。
4 ラップで包み、冷凍用保存袋に入れる。

H 桜えび枝豆　5回分
作り方
1 さやつき枝豆200gはゆで、さやから身を取り出す。
2 1を半分くらいの大きさに刻み、目立つ薄皮を取り除く。
3 桜えび大さじ2と合わせ、5等分してラップで包み、冷凍用保存袋に入れる。

アレンジ週 ②

A ご飯　15回分
作り方
基本の週A（→p.96）と同様に用意する。

B 野菜の旨煮③　6回分
作り方
1 皮と種を除いたトマト80g・ピーマン35g・玉ねぎ80g・石づきを除いたマッシュルーム45gをすべて1cm角に切る。
2 小鍋に1とひたひたの水を入れ、ふたをしてやわらかく煮る（煮汁は残しておく）。
3 製氷皿に6等分して入れ、煮汁を注ぎ入れる。

C 野菜ときのこの煮物③　6回分
作り方
1 小松菜の葉先90g・皮をむいたにんじん60g・まいたけ30g・長ねぎ60gを1cm角に切る。
2 小鍋に1とひたひたの水を入れ、ふたをしてやわらかく煮る（煮汁は残しておく）。
3 製氷皿に6等分して入れ、煮汁を注ぎ入れる。

D 手づかみパプリカ　3回分
作り方
1 皮をむいたパプリカ60gを3cm幅のスティック状に切る。
2 1をやわらかくゆでる（崩れやすいため加熱しすぎないようにする）。
3 水気をきり、3等分してラップで包み、冷凍用保存袋に入れる。

E 手づかみいんげん　4回分
作り方
1 さやいんげん80gは筋を取り、やわらかくゆでる。
2 水気をきり、4等分してラップで包み、冷凍用保存袋に入れる。

F レバー入り鶏バーグ　6回分
作り方
1 鶏レバー10gをよく洗い、血の塊を取り除き、牛乳適量に10分ほど浸けてから流水でよく洗い、細かく刻む。
2 1と鶏ひき肉60g・卵½個・塩少々を合わせてこね、6等分して小判形に成形する。
3 フッ素樹脂加工のフライパンで2の両面を焼く。

4 ラップで包み、冷凍用保存袋に入れる。

G アジのもっちりつくね　5回分
作り方
1 アジの刺身100gを包丁で叩き、ボウルに入れて片栗粉小さじ1と合わせてよくこねる。
2 1を15等分して丸め、ゆでて中心まで火を通す。
3 ラップで包み、冷凍用保存袋に入れる（1回分3個）。

H あさり　5回分
作り方
1 殻つきあさり200gを5%濃度の食塩水適量に半日浸して塩抜きし、貝殻同士をすり合わせて水でよく洗う。
2 ふたつきのフライパンにあさりを並べ、水大さじ2〜3を加えて中火にかける。
3 沸騰したら弱火にし、貝殻がすべて開いたら火からおろす。
4 身を取り出して半分に切り、製氷皿に5等分して入れ、少量の水を注ぎ入れる。

基本の週

サーモンチーズトースト

材料
H サケフレーク
　…1回分
食パン（6枚切り）
　…1枚
スライスチーズ…1枚

作り方
1 **H**は電子レンジで20秒加熱する。スライスチーズは3等分に切る。
2 食パンは耳を除き、3等分に切る。
3 2に1の**H**をのせて上からチーズをのせ、オーブントースターで2分焼く。

ブロッコリーとミニトマトのサラダ

材料
E 手づかみ
　ブロッコリー
　…1回分
ミニトマト…1個

作り方
1 **E**は電子レンジで20秒加熱する。
2 ミニトマトはヘタを除き、4等分に切り、1と合わせる。

※ミニトマトは喉に詰まらせないよう、必ず切って使用しましょう。

アレンジ週 ❶

桜えび枝豆チーズトースト

Hを桜えび枝豆に替えて作る。

アスパラ大根とミニトマトのサラダ

Eを手づかみアスパラ大根に替えて作る。

アレンジ週 ❷

あさりチーズトースト

Hをあさりに替えて作る。

いんげんとミニトマトのサラダ

Eを手づかみいんげんに替えて作る。

基本の週

青のりご飯

材料
A ご飯…1回分
青のり…少々

作り方
1 A は電子レンジで1分
30秒加熱する。
2 青のりをふる。

煮込み野菜の味噌和え

材料
C 野菜ときのこの煮物①
　…1回分
味噌…少々

作り方
C に味噌を加え、電子レンジ
で1分加熱し、よく混ぜる。

ミートボール

材料
F ミートボール…1回分

作り方
F は電子レンジで40秒加熱
する。
※手づかみで食べさせてOK。

アレンジ週 ❶

青のりご飯

煮込み野菜の味噌和え （野菜アレンジ）

C を野菜ときのこの煮物②に替えて作る。

豚肉団子

F を豚肉団子に替えて作る。

アレンジ週 ❷

青のりご飯

煮込み野菜の味噌和え （野菜アレンジ）

C を野菜ときのこの煮物③に替えて作る。

レバー入り鶏バーグ

F をレバー入り鶏バーグに替
えて作る。

基本の週

オム丼

材料
A ご飯…1回分
B 野菜の旨煮①…1回分
トマトケチャップ…少々
卵…⅔個
牛乳…大さじ1

作り方
1 Aは電子レンジで1分30秒、B は1
分加熱し、トマトケチャップと合わ
せて混ぜる。
2 溶いた卵に牛乳を加えて混ぜる。
3 2を電子レンジで1分加熱し、ひと
混ぜして1にのせる。

アレンジ週 ❶

オム丼 （野菜アレンジ）

B を野菜の旨煮②に替えて
作る。

アレンジ週 ❷

オム丼 （野菜アレンジ）

B を野菜の旨煮③に替
えて作る。

完了期

基本の週

オートミール

材料
オートミール…30g
牛乳…80㎖

作り方
オートミールに牛乳を
加え、電子レンジで1分
加熱する。

ツナと野菜の旨煮

材料
B 野菜の旨煮① …1回分
ツナの水煮缶…15g

作り方
B は電子レンジで1分加
熱し、ツナ缶を混ぜる。

アレンジ週 **❶**

オートミール

ツナと野菜の旨煮（野菜アレンジ）

B を野菜の旨煮②に替えて
作る。

アレンジ週 **❷**

オートミール

ツナと野菜の旨煮（野菜アレンジ）

B を野菜の旨煮③に替えて
作る。

ローテーションレシピ

火 : 昼

基本の週

ご飯

材料
A ご飯…1回分

作り方
A は電子レンジで1分30秒加熱する。

サバの野菜煮

材料
C 野菜ときのこの煮物①…1回分
G サバのピカタ…1回分
醤油…少々

作り方
1 **C** は電子レンジで1分加熱し、醤油で味付けする。
2 **G** は電子レンジで30秒加熱し、食べやすい大きさに切って **1** にのせる。

アレンジ週 ❶

ご飯

ブリの野菜煮

C を野菜ときのこの煮物②、**G** をブリのムニエルに替えて作る。

アレンジ週 ❷

ご飯

アジつくねの野菜煮

C を野菜ときのこの煮物③、**G** をアジのもっちりつくねに替えて作る。

基本の週

ご飯

材料
A ご飯…1回分

作り方
Aは電子レンジで
1分30秒加熱する。

和風ミートボール

材料
F ミートボール
　…1回分
砂糖…少々
醤油…少々

作り方
Fは砂糖と醤油を全体
にかけ、電子レンジで
40秒加熱する。

きゅうりのごま和え

材料
きゅうり…½本
塩…少々
白すりごま
　…小さじ¼

作り方
1 きゅうりは皮をむき、
　3cm長さのスティッ
　ク状に切る。
2 1に塩を揉み込み、
　白すりごまで和える。

アレンジ週 ❶

ご飯

和風豚肉団子

F を豚肉団子に替えて作る。

きゅうりのごま和え

アレンジ週 ❷

ご飯

和風レバー入り鶏バーグ

F をレバー入り鶏バーグに替
えて作る。

きゅうりのごま和え

水 ： 朝

サケのドリア風

材料
A ご飯…1回分
B 野菜の旨煮①…1回分
H サケフレーク…1回分
スライスチーズ…¼枚
塩…少々

作り方
1 Aは電子レンジで1分30秒、Bは1分加熱し、Hは20秒加熱する。
2 1を混ぜ、塩で味をつける。
3 スライスチーズを1cm四方に切り、2にのせる。

カットいちご

材料
いちご…1個

作り方
いちごはヘタを除き、4等分に切る。

アレンジ週 ❶

桜えび枝豆のドリア風

Bを野菜の旨煮②、Hを桜えび枝豆に替えて作る。

カットいちご

アレンジ週 ❷

あさりのドリア風

Bを野菜の旨煮③、Hをあさりに替えて作る。

カットいちご

基本の週

具だくさんお好み焼き

材料
B 野菜の旨煮①…1回分
小麦粉…大さじ3
卵…²⁄₃個
水…大さじ½
青のり…少々
カツオ節…適量

作り方
1 **B** は電子レンジで1分加熱し、小麦粉・卵・水を加えてよく混ぜる。
2 フッ素樹脂加工のフライパンに**1**を流し入れて両面を焼く。
3 スティック状に切り、青のりとカツオ節をかける。

アレンジ週 ❶

具だくさんお好み焼き（野菜アレンジ）

B を野菜の旨煮②に替えて作る。

アレンジ週 ❷

具だくさんお好み焼き（野菜アレンジ）

B を野菜の旨煮③に替えて作る。

水 ┊ 夜

基本の週

おかかご飯

材料
A ご飯…1回分
カツオ節…少々

作り方
1 Aは電子レンジで1分30秒加熱する。
2 カツオ節をふる。

ミートボールと野菜煮の味噌和え

材料
C 野菜ときのこの煮物①
…1回分
F ミートボール…1回分
味噌…少々

作り方
1 Cは電子レンジで1分、Fは40秒加熱する。
2 1を合わせて味噌で和える。

アレンジ週 ❶

おかかご飯

豚肉団子と野菜煮の味噌和え

C を野菜ときのこの煮物②、F を豚肉団子に替えて作る。

アレンジ週 ❷

おかかご飯

レバー入り鶏バーグと野菜煮の味噌和え

C を野菜ときのこの煮物③、F をレバー入り鶏バーグに替えて作る。

完了期

基本の週

サケご飯

材料
A ご飯…1回分
H サケフレーク…1回分

作り方
1 A は電子レンジで1分30秒、H は20秒加熱する。
2 1 を混ぜる。

ブロッコリーの白和え

材料
E 手づかみブロッコリー…1回分
絹ごし豆腐…小さじ1
カツオ節…ひとつまみ

作り方
1 E は電子レンジで20秒加熱し、絹ごし豆腐で和える。
2 カツオ節をふる。

アレンジ週 ❶

桜えび枝豆ご飯

H を桜えび枝豆に替えて作る。

アスパラ大根の白和え

E を手づかみアスパラ大根に替えて作る。

アレンジ週 ❷

あさりご飯

H をあさりに替えて作る。

いんげんの白和え

E を手づかみいんげんに替えて作る。

ローテーションレシピ

木 昼

基本の週

ご飯

材料
A ご飯…1回分

作り方
Aは電子レンジで1分30秒加熱する。

サバのピカタ

材料
G サバのピカタ
…1回分

作り方
Gは電子レンジで30秒加熱する。

野菜汁

材料
C 野菜ときのこの
煮物①…1回分
だし醤油…少々

※だし醤油はベビーフードの
和風だしと醤油少々を混ぜて
使用してもOK。

作り方
Cは電子レンジで1分
加熱し、だし醤油を加
えて混ぜる。

アレンジ週 ❶

ご飯

ブリのムニエル

Gをブリのムニエルに替えて作る。

野菜汁 （野菜アレンジ）

Cを野菜ときのこの煮物②に替えて作る。

アレンジ週 ❷

ご飯

アジのもっちりつくね

Gをアジのもっちりつくねに替えて作る。

野菜汁 （野菜アレンジ）

Cを野菜ときのこの煮物③に替えて作る。

完了期

基本の週

オクラご飯

材料
A ご飯…1回分
オクラ（ガクを除く）
　…2cm程度

作り方
1 **A**は電子レンジで1分30秒、
オクラは30秒加熱する。
2 オクラを輪切りにし、**A**に
のせる。

サバのピカタとにんじんスティック

材料
D 手づかみにんじん
　…1回分
G サバのピカタ…1回分

作り方
D・**G**は電子レンジで50秒
加熱する。

アレンジ週 **1**

オクラご飯

ブリのムニエルと
かぼちゃスティック

Dを手づかみかぼちゃ、**G**
をブリのムニエルに替えて
作る。

アレンジ週 **2**

オクラご飯

アジのもっちりつくねと
パプリカスティック

Dを手づかみパプリカ、
Gをアジのもっちりつく
ねに替えて作る。

基本の週

トースト

材料
食パン（6枚切り）…1枚

作り方
1 食パンは耳を除き、細長く8等分に切る。
2 オーブントースターで1分30秒程度焼く。

ミートボール

材料
F ミートボール…1回分

作り方
F は電子レンジで40秒加熱する。
※手づかみで食べさせてOK。

にんじんのごま和え

材料
D 手づかみにんじん
　…1回分
白すりごま…小さじ¼

作り方
D は電子レンジで20秒加熱し、白すりごまで和える。

アレンジ週 ❶

トースト

豚肉団子

F を豚肉団子に替えて作る。

かぼちゃのごま和え

D を手づかみかぼちゃに替えて作る。

アレンジ週 ❷

トースト

レバー入り鶏バーグ

F をレバー入り鶏バーグに替えて作る。

パプリカのごま和え

D を手づかみパプリカに替えて作る。

完了期

基本の週

ご飯

材料
A ご飯…1回分

作り方
Aは電子レンジで1分30秒加熱する。

サーモンいももち

材料
H サケフレーク…1回分
じゃがいも…40g

作り方
1 じゃがいもは皮をむき、電子レンジで1分加熱してフォークやマッシャーでつぶす。
2 **H**は電子レンジで20秒加熱し、**1**と混ぜて小判形に成形する。

ミネストローネ風

材料
B 野菜の旨煮①…1回分
トマトジュース…大さじ½
ベビーフードの粉末コンソメ…少々

作り方
Bは電子レンジで1分加熱し、トマトジュース・ベビーフードの粉末コンソメを加えて混ぜる。

アレンジ週 ❶

ご飯

桜えび枝豆いももち

Hを桜えび枝豆に替えて作る。

ミネストローネ風 （野菜アレンジ）

Bを野菜の旨煮②に替えて作る。

アレンジ週 ❷

ご飯

あさりいももち

Hをあさりに替えて作る。

ミネストローネ風 （野菜アレンジ）

Bを野菜の旨煮③に替えて作る。

基本の週

納豆ご飯

材料
A ご飯…1回分
納豆…20g

作り方
1 **A** は電子レンジで1分30秒加熱する。
2 納豆は付属のたれを少々かけ、混ぜて**A**にのせる。

具だくさんかぼちゃスープ

材料
C 野菜ときのこの煮物①
　…1回分
かぼちゃ…5g

作り方
1 かぼちゃは皮をむいて種とわたを除き、電子レンジで30秒加熱し、スプーンやマッシャーなどでつぶす。
2 **C** は電子レンジで1分加熱し、**1** と合わせる。

アレンジ週 ❶

納豆ご飯

具だくさんかぼちゃスープ（野菜アレンジ）

C を野菜ときのこの煮物②に替えて作る。

アレンジ週 ❷

納豆ご飯

具だくさんかぼちゃスープ（野菜アレンジ）

C を野菜ときのこの煮物③に替えて作る。

完了期

基本の週

バナナトースト

材料
食パン（6枚切り）
…1枚
バナナ（細めのもの）
…⅓本

作り方
1 食パンは耳を除き、スティック状に8等分に切る。
2 バナナは皮をむき、輪切りにして1にのせ、オーブントースターで2分程度焼く。

オムレツとブロッコリー

材料
卵…⅔個
塩…少々
E 手づかみブロッコリー
…1回分

作り方
1 卵を溶き、塩を加える。
2 熱したフッ素樹脂加工のフライパンに1を流し入れて焼く。
3 E は電子レンジで20秒加熱し、2に添える。

アレンジ週 ❶

バナナトースト

オムレツとアスパラ大根

E を手づかみアスパラ大根に替えて作る。

アレンジ週 ❷

バナナトースト

オムレツといんげん

E を手づかみいんげんに替えて作る。

基本の週

サバピラフ

材料
A ご飯…1回分
D 手づかみにんじん…1回分
E 手づかみブロッコリー…1回分
G サバのピカタ…1回分

作り方
1 **D・E・G**はまとめて電子レンジで1分、**A**は1分30秒加熱する。
2 **D・E**は包丁で刻み、**G**は箸でほぐす。
3 **A**と**2**を混ぜる。

アレンジ週 ❶

ブリピラフ

Dを手づかみかぼちゃ、**E**を手づかみアスパラ大根、**G**をブリのムニエルに替えて作る。

アレンジ週 ❷

アジつくねピラフ

Dを手づかみパプリカ、**E**を手づかみいんげん、**G**をアジのもっちりつくねに替えて作る。

完了期

基本の週

にんじんご飯

材料
A ご飯…1回分
にんじん…20g

作り方
1 Aは電子レンジで1分30秒加熱する。
2 にんじんは皮をむき、おろしてAが熱いうちに混ぜる。

とろとろ肉団子スープ

材料
F ミートボール…1回分
めかぶ…大さじ2
だし汁（→p.19）…大さじ1
味噌…少々

作り方
1 Fは電子レンジで40秒加熱する。
2 めかぶ・だし汁・味噌を混ぜ、1をのせる。

アレンジ週 1

にんじんご飯

とろとろ豚肉団子スープ

F を豚肉団子に替えて作る。

アレンジ週 2

にんじんご飯

とろとろレバー入り鶏バーグスープ

F をレバー入り鶏バーグに替えて作る。

基本の週

サバカレー

材料
A ご飯…1回分
C 野菜ときのこの煮物①
…1回分
G サバのピカタ…1回分
カレー粉…少々
トマトケチャップ…小さじ¼

作り方
1 **A**は電子レンジで1分30秒、**C**は1分、**G**は30秒加熱する。**G**は箸でほぐす。
2 **C**にカレー粉・トマトケチャップ・**G**を加えて混ぜ、**A**と合わせる。

アレンジ週 ❶

ブリカレー

Cを野菜ときのこの煮物②、**G**をブリのムニエルに替えて作る。

アレンジ週 ❷

アジのつくねカレー

Cを野菜ときのこの煮物③、**G**をアジのもっちりつくねに替えて作る。

【基本の週】

サケ焼きそば

材料
中華麺…1袋
B 野菜の旨煮①…1回分
H サケフレーク…1回分
塩…少々
ごま油…少々
刻みのり…適量

作り方
1 中華麺はパッケージの表示時間より長めにゆで、水気をきって2㎝長さに切る。
2 B は電子レンジで1分、H は30秒加熱する。
3 1 に B・H を加えて混ぜ、塩とごま油を加えてさらに混ぜる。皿に盛り、お好みで刻みのりをかける。

【アレンジ週 ①】

桜えび枝豆焼きそば

B を野菜の旨煮②、H を桜えび枝豆に替えて作る。

【アレンジ週 ②】

あさり焼きそば

B を野菜の旨煮③、H をあさりに替えて作る。

基本の週

ほうれん草ご飯

材料
A ご飯…1回分
ほうれん草…10g

作り方
1 Aは電子レンジで1分30秒加熱する。
2 ほうれん草はゆで、冷水に取ってよく絞る。1cm幅に切り、1と合わせる。

肉団子のみぞれ煮風

材料
F ミートボール…1回分
大根…30g

作り方
1 大根は皮をむき、おろして電子レンジで1分加熱する。
2 Fは電子レンジで30秒加熱し、1にのせる。

アレンジ週 ❶

ほうれん草ご飯

豚肉団子のみぞれ煮風

Fを豚肉団子に替えて作る。

アレンジ週 ❷

ほうれん草ご飯

レバー入り鶏バーグのみぞれ煮風

Fをレバー入り鶏バーグに替えて作る。

おやつレシピ

スイートポテト

材料
さつまいも…30g
牛乳…大さじ½
卵黄…適量

作り方
1 さつまいもは皮をむいて1cm幅に切り、やわらかくゆでる。
2 水気をきり、熱いうちにフォークでつぶし、牛乳を加えて混ぜる。
3 さつまいもの形に成形し、表面に溶いた卵黄をはけで塗る。
4 表面の卵黄にも火が通るくらいに、オーブントースターで30秒程度焼く。

完了期

かぼちゃのおやつニョッキ

材料
かぼちゃ…30g
薄力粉…大さじ1・½
砂糖…小さじ½
薄力粉（打ち粉）…適量

作り方
1 かぼちゃは皮をむき、種とわたを除いて1cm幅に切り、やわらかくゆでる。
2 水気をきり、熱いうちにフォークでつぶし、薄力粉と砂糖を加えて混ぜる。
3 まな板に打ち粉をし、2を棒状にのばして2cm長さに切る。
4 小判形に成形し、フォークを押しつけて跡をつける。
5 熱湯で4をゆで、浮いてきたら取り出して水気をきる。

ごまきなこペンネ

材料
ペンネ…15g
A ［ 白すりごま …小さじ1
きなこ…小さじ1
砂糖…小さじ½ ］

作り方
1 ペンネはパッケージの表示時間よりも長めにゆでる。
2 Aを混ぜて**1**全体にまぶす。

米粉蒸しパン

材料
米粉…30g
砂糖…小さじ½
ベーキングパウダー…小さじ¼
牛乳…大さじ2・½

作り方
1 ボウルにすべての材料を入れ、泡立て器で混ぜる。
2 シリコンカップに**1**を2等分にして入れ、蒸し器で10分蒸す。水滴が垂れるため、ふたに布巾をかませて蒸す。
3 竹串を刺し、生地がつかなくなったら取り出す。

※蒸し器がない場合、フライパンに入れ、（シリコンカップの外側に）熱湯をシリコンカップに対し⅓程度まで入れてふたをして蒸らす方法でも作れます。

ベビーフードアレンジレシピ

忙しい日に便利な市販のベビーフード。それだけでは栄養バランスが心配なときは、
フリージング食材を使ってちょい足しアレンジをしてみましょう！

ベビーフードアレンジ①

タンパク質が不足しがちなリゾットに
肉や魚、卵などをプラス！

アジつくね入りトマトリゾット

作り方
市販のトマトリゾットのベビーフード
に、**G**アジのもっちりつくね（→p.97）
1回分を電子レンジで30秒加熱して
合わせる。

ベビーフードアレンジ②

緑黄色野菜が不足しやすい
クリームパスタに
ブロッコリーやにんじんをプラス！

クリームパスタの刻み
ブロッコリー添え

作り方
市販のクリームパスタのベビーフード
に、**E**手づかみブロッコリー（→p.96）
1回分を電子レンジで20秒加熱し、刻
んで合わせる。

※ベビーフードと、ちょい足しする食材は離
乳食の段階に合ったものを選びましょう。

Q どうしても 食事中に気が散って しまうようです

A 食事に集中できるよう 視覚的にも工夫して

赤ちゃんの食卓の周りにあるものを確認して、食事に必要のないものは遠ざけましょう。たとえば、テレビや音の出るものは消すこと、おもちゃなどはしまって見えないようにすることなどです。また、食器類にキャラクターなどが描いてあるとそちらが気になってしまうこともあるようです。無地のものに変えて見た目をシンプルにすることで、食事に意識を向けさせましょう。

Q フルーツが好きなようですが いろいろな種類を あげてもいいですか？

A フルーツも最初は少量から 酵素が多いものは避けて

おやつ感覚で気軽に与えがちなフルーツですが、生のフルーツはアレルギーの心配もありますので、はじめてのものは少量から試してください。また、初回は加熱してあげるほうがより安全です。パイナップルやマンゴーなど、南国のフルーツは酵素が多く、赤ちゃんの負担になってしまうため離乳食期は避けましょう。

Q 好き嫌いで どうしても食べられない 食材があります

A 無理に克服はやめて 食べられるものを増やしましょう

嫌いな食べ物を刻んで混ぜるなど、工夫して食べさせる努力はよいことですが、それでも食べないときに無理に食べさせると、よりその食材を嫌う原因になってしまうかもしれません。大人になるまでにまた食べる機会が訪れるかもしれませんから、今はほかに食べられる食材を増やす方向で努力するほうがよいでしょう。

Q おやつを気に入って 何度も欲しがるように なってしまいました

A あげすぎは禁物 食事とのバランスを保って

赤ちゃん期のおやつは、食の楽しみを増やしたり、3食で足りないエネルギーを補ったりする役割があります。しかし、欲しがるままにあげすぎると、食事を食べきれなくなったり、肥満や偏食の原因にもなります。「今日はこれだけ。明日また食べようね」などと約束して1日の量は守り、あげすぎに注意しましょう。

Q 食事中、赤ちゃんに飲み物を あげてよいのでしょうか？

A ノンカフェインの麦茶や 湯冷ましをあげて OK

赤ちゃんは、母乳やミルクのほかに、離乳食に含まれる水分でも水分補給しています。だんだん授乳回数が減ってきた時期に、飲み物を飲む練習を始めましょう。最初はノンカフェインの麦茶や、沸騰させてから冷ました水をあげましょう。食事中は胃液が薄まってしまうのでたくさん飲ませないようにしましょう。汗をかいた後などがおすすめです。

Q 食事に1時間ほどかかってしまうのですがこのままで大丈夫?

A 赤ちゃんの食欲があるようなら大丈夫です

赤ちゃんにもそれぞれのペースがあるので、時間がかかっても食べようとしているならば、続けさせて大丈夫です。もし、途中で気がそれているようならば食事中の姿勢や周りの環境を集中できるように整えてあげてください。

Q ご飯にふりかけをかけてもいいですか?

A 月齢に合ったものであれば使用してもかまいません

大人用のふりかけは、塩分や添加物が多く含まれるので、基本的には避けたほうがよいでしょう。ベビーフードで月齢に合ったものであれば、完了期に与えても問題ありません。

Q 離乳食完了に合わせて卒乳もしたほうがいいですか?

A 赤ちゃんのペースに合わせて判断しましょう

卒乳の時期はいつまでと決まっているわけではありません。おっぱいが好きでずっと欲しがる子も多いので、突然やめてしまうと赤ちゃんも悲しくなってしまいます。離乳食の完了に合わせて無理に卒乳する必要はありませんので、自然に少しずつ授乳回数を減らしていくのがよいでしょう。

Q お肉がうまく食べられず避けているようです

A 食べやすいように工夫しましょう

肉のかたさや繊維がうまく噛み切れないのかもしれません。片栗粉をまぶしてからゆでると肉の繊維の縮みが抑えられます。肉団子は豆腐を混ぜてやわらかくして与えてみましょう。

Q 離乳食が完了したら大人と同じものが食べられますか?

A 少しステップアップした幼児食に移行します

離乳食が完了しても、まだ大人と全く同じものは食べられません。幼児食に移行し、5歳くらいまで続けます。完了期の食事よりも少し大きく、かためのものが食べられますが、健康や発達のことを考え、塩分や脂肪分は控えめで薄味の食事が望ましいでしょう。

完了期

大人の料理から
取り分け離乳食

大人が食べる料理を作る途中で
取り分ける離乳食なら、かんたんに作れます。
p.23 の基本を確認したら、早速作ってみましょう！

大人の料理
肉じゃが

材料（2人分）
牛バラ肉…100g
じゃがいも…200g
にんじん…50g
玉ねぎ…100g
サラダ油…大さじ½
醤油…大さじ2
砂糖…大さじ½
みりん…大さじ½
だし汁（→p.19）
　…200㎖

作り方
1 じゃがいも・にんじん・玉ねぎ
は皮をむき、食べやすい大きさ
に切る。

2 鍋にサラダ油をひいて中火で牛
バラ肉を炒め、1を加えてさらに
炒める。

3 全体に油が回ったらだし汁・醤
油・砂糖・みりんを加えて弱火
で15分ほど煮る。

取り分け離乳食の作り方

中期
2 からじゃがいも・にん
じん・玉ねぎを取り分けて、
玉ねぎはさらに細かく刻
む。小鍋に入れてひたひ
たの水を加え、やわらか
くなるまで煮込む。じゃ
がいも・にんじんはつぶす。

後期　完了期
2 からじゃがいも・玉ねぎ・にんじんを
取り分けて、食べやすい大きさに切る。

サバとほうれん草のキーマカレー

材料（2人分）
サバの水煮缶…1缶
ほうれん草…½袋
玉ねぎ…¼個
トマト缶…½缶
カレールー…2人分
サラダ油…大さじ½
ご飯…適量

作り方
1 ほうれん草は洗ってゆで、冷水に浸してよく絞る。1cm幅に切る。玉ねぎは皮をむき、みじん切りにする。

2 フライパンにサラダ油をひき、中火で玉ねぎを炒める。1・サバ缶を加えてさらに炒める。

3 カレールーのパッケージに表示の分量の水・カレールー・トマト缶を加えてひと煮立ちさせる。

4 器にご飯を盛って3をかける。

取り分け離乳食の作り方

中期

1 で刻んだ野菜を取り分けてさらに細かくし、小鍋に入れてひたひたの水を加え、やわらかくなるまで煮込む。ツナの水煮缶15gを湯通ししてから加える。

後期　完了期

3 で水のみを加えて、カレールーとトマト缶を入れる前に煮てから取り分ける。

取り分け離乳食

大人の料理

ミートソーススパゲッティ

材料（2人分）
スパゲッティ…200g
合びき肉…200g
玉ねぎ…¼個
にんじん…20g
ピーマン…1個
トマト缶…½個
小麦粉…大さじ1
塩…小さじ½
中濃ソース…大さじ1
ドライパセリ…少々

作り方
1 玉ねぎ・にんじんは皮をむき、ピーマンはヘタと種と皮を除いて細かく刻む。

2 フッ素樹脂加工のフライパンで合びき肉を中火で炒め、全体に小麦粉をふる。よく混ぜ、1を加えてさらに炒める。

3 トマト缶を加えてひと煮立ちさせる。

4 塩・ソースで味を調える。

5 鍋にたっぷりの水・塩適量（分量外）を入れ、スパゲッティをゆでる。水気をきり、器に盛って4をかけ、ドライパセリをふる。

取り分け離乳食の作り方

中期

1 で刻んだ玉ねぎ・にんじんを取り分けてさらに細かくし、小鍋に入れてひたひたの水を加え、やわらかく煮る。合びき肉を加えて火を通す。

後期

3 から適量を取り分け、スパゲッティはパッケージの表示時間より長めにゆでて5mm長さに切る。

完了期

3 から適量を取り分け、塩少々を加える。スパゲッティはパッケージの表示時間より長めにゆでて1cm長さに切る。

ほうとう風うどん

材料（2人分）
ゆでうどん…2玉
かぼちゃ…50g
大根…50g
長ねぎ…¼本
にんじん…20g
しめじ…¼株
油揚げ…1枚
だし汁（→p.19）
　…800㎖
味噌…大さじ2

作り方
1 かぼちゃは種とわたを除き、にんじん・大根は皮をむいて食べやすい大きさに切る。長ねぎは斜め切りにする。しめじは石づきを除き、小房に分ける。油揚げは短冊切りにする。

2 鍋にだし汁を入れて中火にかけ、ゆでうどんと味噌以外の材料をすべて入れる。

3 沸騰したら弱火にして具材がやわらかくなるまでふたをして煮込む。

4 野菜がやわらかくなったら、ゆでうどん・味噌を入れてさらに煮込む。

取り分け離乳食の作り方

中期
3から油揚げ以外を取り分け、細かく刻む。

後期
4でゆでうどんをパッケージの表示時間より長めにゆで、油揚げ以外を取り分ける。ゆでうどんは1〜2㎝長さに切り、ほかの具材は細かく刻み、汁なしで与える。手づかみ食べをさせない場合は、ゆでうどんも細かく刻み、だし汁（分量外）を加える。

完了期
4でゆでうどんをパッケージの表示時間より長めにゆで、具材とともに取り分ける。ゆでうどんは1〜2㎝長さに切り、ほかの具材は1㎝角に切る。汁なしで与えるか、汁を湯で2倍程度に薄める。

※かぼちゃの皮は取り分けた後除きましょう。

監修
伊東優子 (いとう ゆうこ)
わこう助産院院長・助産師

大分県出身。慈恵看護専門学校卒、東京都立医療技術短期大学（現東京都立大学）助産学専攻科卒。東京都立築地産院（分娩室、NICU、GCU勤務）、東京都立墨東病院（分娩部、M-FICU、手術室勤務）、4年間の個人病院、5年間のアクア・バースハウス（助産院）勤務を経て、「わこう市に出産できる場所が少ない」という地域の声をもとに移り住み、わこう助産院を開設。「今よりちょっとだけがんばる」をモットーに、妊娠・出産・子育てに限らず、あらゆる世代が楽しく交流できる「地域のおうち」、女性が仕事と子育てを両立できるような環境づくりを目指して活動中。産前・産後ケアにも力を入れている。『安産ごはん160』（エイ出版社）、『妊娠中のラクうまごはん』（マイナビ出版）など監修多数。
日本助産師会 会員／日本母乳の会 会員／新生児蘇生法 Aコースインストラクター

料理監修
櫻井麻衣子 (さくらい まいこ)
管理栄養士・料理家

服部栄養専門学校卒業後、日本赤十字社医療センターで治療食の調理や離乳食を担当。献立業務に携わる。その後、レシピ開発、書籍の監修、栄養コラム執筆などを手がけ、料理教室も主宰。『いちばんハッピーな妊娠・出産BOOK』（成美堂出版）で、食事指導を担当。

デザイン●鷹觜麻衣子
撮影●武井メグミ
イラスト●三角亜紀子
校正●みね工房
編集●株式会社　童夢
　　　石原佐希子(株式会社マイナビ出版)

フリージングでラクラク＆栄養バッチリ！
がんばりすぎない離乳食
2021年7月27日　初版第1刷発行

発行者　滝口直樹
発行所　株式会社マイナビ出版
　　　　〒101-0003東京都千代田区一ツ橋2-6-3　一ツ橋ビル 2F
　　　　TEL：0480-38-6872（注文専用ダイヤル）
　　　　TEL：03-3556-2731（販売部）　03-3556-2735（編集部）
　　　　MAIL：pc-books@mynavi.jp
　　　　URL：https://book.mynavi.jp

印刷・製本　シナノ印刷株式会社